Convictions, évidences et ressentis

L'Andalouse

Convictions, évidences et ressentis

recueil de pensées
nouvelle édition enrichie

ISBN : 978-2-322-12369-8

© Sandra Landel, 2018

Imprimeur/ Editeur : BoD – Books on Demand

12/14 rond-point des Champs-Elysées 75008 Paris

Le Code de la propriété intellectuelle interdit les copies ou reproductions destinées à une utilisation collective. Toute représentation ou reproduction intégrale ou partielle faite par quelque procédé que ce soit, sans le consentement de l'auteur ou de ses ayants cause est illicite et constitue une contrefaçon sanctionnée par les articles L335-2 et suivants du Code de la propriété intellectuelle.

Cours, la vie n'attend pas. L'amour, lui, viendra un jour quand s'ouvriront ses bras. Patience, ils s'enlaceront en toi le jour où tu ne t'y attendras pas.

On se voit tel qu'on est. Tel qu'on se ressent intérieurement. Parfois on ne se regarde même plus. Si on est heureux, que l'on soit beau ou laid, on est beau. Il ne sert à rien de mettre du maquillage pour cacher son visage et sa souffrance. Celle-ci prend toujours le dessus. On peut lire tant de choses dans un visage, qui nous fait réfléchir si on s'en donne la peine et que l'on trouvera toujours beau.

Mes oreilles sont grandes ouvertes : le bruit court que l'amour accourt, chantant et dansant pour toujours.

Pourquoi se comprendre ? Avec un peu de hauteur, les pointes légères. L'amour voltige comme une feuille dans le vent, de toutes ses couleurs, et cherche le bonheur. Il est là, enlacé l'un dans l'autre, sans plus jamais nous quitter. Dans le silence de l'amour qui nous unit pour toujours.

La vie pour ultime recours et un air que l'on fredonne quand l'heure sonne. Amour toujours et vis ta vie.

Un homme qui me touche m'a dit un jour qu'il était nu. Je lui ai répondu : pourquoi ne pas commencer à s'habiller ensemble, même s'il fait froid ? À deux, il est plus facile de se vêtir, de se couvrir, il fait plus chaud, il y a plus de douceur, de bonheur, d'amour à se découvrir enfin.

Le manque crée le désir, l'amour intense qu'on pense, qu'on ressent au bout des doigts et qui traverse un corps pour se réchauffer de ce breuvage sang, source de vie à l'infini où la force profonde jaillit vers le bonheur et le monde.

Plus tu cours après la vie, plus elle te rattrapera et te le rendra. Plus tu cours après quelqu'un, plus il court loin et ne viendra pas vers toi. Moi, je cours vers la vie et les envies.

Quelle belle thérapie que l'humour et l'amour ! Ils s'unissent, la bague à chaque doigt, chaque jour : au moins un rire, au plus une avalanche de sourires qui finissent toujours par des rires. Le compteur tourne et s'affole de tant de drôleries et d'amour aussi. Les blagues rient de joie, d'envie et d'un baiser chaque jour qui passe dans cette vie.

Les désirs se créent et viennent comme les envies. Il suffit d'aller les chercher là où ils se trouvent, au fond des méandres des corps enlacés qui dansent et n'attendent que l'amour qui vient un jour pour toujours.

J'aime danser, chanter la vie et toi, tu danseras, chanteras avec moi pour la vie et ses couleurs au goût du bonheur, la lueur qui grandit comme l'amour qui naît un jour jusqu'à jaillir et exploser comme un volcan rouge-orangé, sa lave coulant sur nos corps, chaleur sur cette terre qui déborde de richesses, à la découverte du monde pour savourer nos vies d'envies à l'infini.

La femme est en fleurs devant comme derrière. Tu la découvres petit à petit en tresses et en boucles jusqu'à ce qu'elle dévoile ses épaules, son visage et un sourire que ton cœur prend avec bonheur.

Cendrillon se réveille et s'émerveille de sa vie aujourd'hui. Elle rencontrera le prince charmant en trouvant chaussure à son pied, ira loin sur son chemin pour découvrir le monde à deux, en amoureux, en goûtant les plaisirs de la vie en toute simplicité et modestie, ceux qui font le bonheur à toute heure et avec envie, soif et appétit, du matin jusqu'au soir, avec un grain de folie et un certain apaisement aussi. La nuit et le jour pour rêver et penser en silence ou bien haut et fort. Mes mots dansent et chantent, toujours présents en moi, près de mon cœur, et m'accompagnent comme un amant fidèle pour la vie. Sa vie, c'est la mienne. Que la vie est belle et l'amour aussi.

La vie est un comme un cocktail qu'on partage à deux. Flamboyant et coloré comme un arc-en-ciel dans un ciel ensoleillé. Sucré et pétillant comme l'amour qu'on savoure à deux au jour le jour. Deux pas en avant, main dans la main jusqu'au lendemain, des rires à offrir. Comme une fleur qui pleure de bonheur. Toi et moi, poussons la vie en avant.

On est comme on est. On n'est pas là pour changer l'autre ni le juger non plus. On nous prend avec nos qualités et nos défauts.

La nuit tombe et la chaleur des doigts se pose comme une note sur un piano en duo, caresse avec ivresse deux corps enlacés jusqu'au matin satin, en douceur, rêveur d'un amour pour toujours.

Je m'aime enfin et je suis apaisée. Je découvre l'amour. Il sera grandiose et explosif dans toutes ses splendeurs, comme la nature quand elle jaillit au moment où le volcan lâche ses laves brûlantes et suaves qui caressent la terre avec volupté, le long du corps d'un homme et d'une femme, en douceur. Cette intensité sera profonde et intense pour l'éternité, à jamais.

L'amour, nous ne le cherchons pas. Il vient frapper à notre porte. Nous lui ouvrons notre cœur pour faire un bout de chemin, main dans la main, enlacés à jamais dans l'éternité.

Les fleurs de l'amour, tout dépend qui vous les offre. Elles sont toutes belles. Prêtes à nous faire chavirer, danser et chanter de bonheur. Elles respirent la joie de vivre et font battre nos cœurs.

Un visage tout en couleurs. Les mains agiles, fines et solides. Un regard puissant et brillant, lisant droit devant et laissant entrevoir un bonheur certain.

Dans la vie, qui doit faire le premier pas ? Celui qui a le plus de courage ? Celui qui est le moins timide ou celui qui a le plus d'envie ? Qui sait encore ?

Il n'y a pas de mode d'emploi pour l'amour. Sa recette dépend de ses ingrédients : une bonne dose d'humour, une pointe de maladresse, beaucoup de générosité, du respect en quantité, une louche de tendresse et de câlins. Le tout saupoudré de rires. Patienter et servir un plat pour deux à volonté.

Le jour se lève. La pluie lave les cœurs brisés qui battent toujours plus fort d'amour. Ils sont là, à danser et chanter, emplis de vie à l'infini.

Le pont de l'amour. Les fleurs aux couleurs qui s'ouvrent à la lueur du bonheur. Le jour se réveille et s'émerveille en tambourinant. Le cœur s'affole, note après note, dans une douce chaleur. Et, quand le soleil rit, l'amour rit au jour le jour.

Tout est bon à aimer, à choyer, à enlacer, à caresser, à embrasser, à porter dans ses bras à force d'amour au long court. Mais qui supporte mes grimaces quand je râle en laissant des traces avec ma voix sur la voie qui déraille parfois jusqu'à la fin de la bataille et les rires de la vie ?

S'aimer soi-même. Tout commence par là et il n'est jamais trop tard pour apprendre à s'aimer, pour aimer sans fin et au bout du monde, hommes et femmes, avec émerveillement. Amour inépuisable jusqu'à ce que la vie s'éteigne après une histoire longue et passionnelle.

Dis-moi ce que j'ai envie que tu me dises, quoi ? Ah, ce n'est pas possible. Mais je le sais. Pourquoi te forcerais-je, de quoi ? Chacun pense ce qu'il veut. La vie est faite ainsi. A-t-on tout ce qu'on veut dans la vie ? Souvent, on a ce qu'on ne veut pas et ce qu'on veut, on court après. Moi je ne fais pas de sport, j'écris et je rêve. La vie au jour le jour. J'aime quand on me sourit et j'aime rire. L' amour, un jour.

Tu es mon inspiration, mes virgules, mes points, mes accents et les parenthèses d'une vie, je les ouvre à ma guise. Je les place quand je veux. Avant, après, quand bon me semble. Les mots dansent et chantent en rythme et tu es ma musique. Tu viens de loin mais tu es près de moi.

Tu me dis que tu aimes et moi j'aime. Alors viens me rejoindre et chanter avec moi. Les langues se délient et s'ouvrent à nous. La vie est courte et court en couleur, pleine de bonheur et d'amour.

Alors, alors, alors ? D'abord, d'abord, d'abord ! Encore, encore, encore ! Quand j'aime, je sème et c'est la crème. Plus tu m'entraînes et plus je deviens reine, j'aime. La vie est un fil et je me défile. Tends-moi la main, tu es mon lien. Sinon je surfile comme le fil et je me faufile loin.

L'amour nourrit notre âme comme le sang qui coule dans nos veines. Comme l'eau qui chemine jusqu'à plus soif. Il régale chaque jour qui passe et nous décoiffe. Il est en fête et se met à table, les cœurs en flamme et en scène. Le chemin de l'amour, nous le traçons.

Tant que vous êtes de passage, dites-moi que vous m'aimez, un peu, beaucoup, passionnément, à la folie, pas du tout. L'amour se dévoile comme le matin au réveil, la fenêtre ouverte, alors découverte. Un air frais mais doux qui caresse un visage fruité et gorgé de saveurs endormies. Quand soudain s'éveillent feux rouges au vert, barrières levées sans limitation de vitesse, des cœurs qui battent la chamade. Attention aux attaques, camarades ! Une seule suffit et explose, patatras ! Taisez-vous, les tirs fusent et bientôt, je vous rassure, l'annonce de l'amour qui dure.

Que cherche-t-on en fait ?
La beauté de la vie ?
D'une âme perdue ?
D'un corps céleste ?
D'un soleil couchant ?
D'un sourire éclatant ?
D'une vague qui nous emporte vers des rêves colorés, dansants et chantants ?
Encore plus d'amour susurré et dévoilé au creux de son oreille…

Tous ces mots pour raconter une vie, notre vie, votre vie. Sa richesse, ses couleurs, en longueur, en largeur, qu'on traverse après une averse avec une échelle, sur un arbre feuillu ou au bord de la terrasse d'un café. Vous qui passez avec un sourire que je vous vole et que je colle sur mes notes, celles-ci dansent et chantent au sifflement des oiseaux. Ils me font un signe, je le souligne sur mes pages ; les nuages passent et le soleil m'émerveille, vie qui illumine cette journée divine.

Un saut, tout en grâce et en élégance, dans une eau bleue ; des voiliers qui passent dans la quiétude de la nature.

Cela commence par les pieds et, comme une sève, les couleurs s'élèvent et remontent vers un corps nu prêt à accueillir la chaleur des mots dansants et chantants. Ils glissent d'une main à l'autre, un bras comme appui ; des pensées suivent, plus belles les unes que les autres, chahutées par la lumière bleutée du ciel et le soleil qui nous illumine, lueur du bonheur.

Se brûler laisse des traces indélébiles qui marquent à vie et s'enflamment sans jamais s'éteindre. Mieux vaut jouer avec les étoiles qui scintillent et finissent toujours par briller, à l'aube d'une vie écrite pour vous et pour moi tout en couleur.

La route continue, malgré les pauses à l'abri de l'ombrage d'un arbre en fleurs, une boisson fraîche et des pensées sereines dans le silence intense ; des oiseaux de passage qui survolent la terre et ouvrent nos parenthèses en chantant près de nos cœurs enflammés à jamais.

De la douceur entourée de couleurs et de la chaleur qui nous enlace pas à pas sur cette route, sans doute au goutte à goutte. Le soleil s'émerveille, rayonne en notes qui sonnent et raisonnent au rythme de nos voix suaves et graves, à l'écoute du bonheur et de la première heure. Les ressentis les plus enfouis et le cœur qui bat jusqu'à l'au-delà puissant et touchant.

Fleur de la vie qui jaillit de la terre mère et de la nature mûre en saveurs et douceurs semées en graines drainées par l'eau, source d'un cadeau du ciel bien réel. La tige s'élève et s'érige par une sève mielleuse ; comme un rêve, elle se dirige tout là-haut, heureuse et colorée de feuilles d'amour et d'amitié, jusqu'à la lumière du soleil et de la vie, des envies, du bonheur qui chante, note après note, une simple mélodie pour accompagner les battements de mon cœur.

S'ouvrir comme une fleur au gré des saisons et du soleil qui nous réchauffe, nous renforce et nous illumine avec le temps.

La vie est comme une salade de fruits riche en couleurs et en saveurs. Fondante et croquante quand on la savoure, un goût sucré et suave quand on la partage.

Une corbeille de fruits tout en couleurs, tout en saveurs et tout en sucre. Que de douceurs selon les saisons que l'on touche du bout des doigts et que l'on goûte avec appétit, avec faim et sans fin. Parfois en les caressant seulement du regard, un jour en les croquant avec amour. Un goût que l'on savoure, tout en profondeur, avec fraîcheur, le long du corps, pour la vie car c'est le fruit de la vie. Aimons la vie comme nous pourrions nous aimer les uns les autres.

La vie est comme le vent qui souffle, qu'on prend en plein visage, sans nuage, et qu'on respire à pleins poumons, intensément comme les sentiments de la vie qui courent doucement quand on les découvre au fur et à mesure et qu'on savoure avec appétit pour la vie.

Inspirez, expirez, prenez le temps de vivre. Respirez la lumière le long de notre corps qui s'éclaire d'une chaleur douce et apaisante, pleine d'énergie et de vie comme un fruit que l'on croque avec envie, tout simplement, à pleines dents, pour un instant de plaisir dans notre vie, en toute modestie.

Un instant de repos dans le silence, le temps d'être protégé et aimé pour profiter de la vie avec apaisement, ressentis profonds et convictions.

Les étoiles se dévoilent et scintillent. Un croissant de lune illumine le ciel. Tout fulmine dans une nuit bleu marine et une brise caresse les astres divins jusqu'au matin.

Le silence est parfois une source d'inspiration. Une pensée, une image, une respiration, des couleurs, un son, un oiseau qui chante, un enfant qui traverse la route, main dans la main avec sa maman, les nuages dans le ciel et le soleil qui brille, un rire qui démarre comme ces écrits que je vous offre.

La vie est faite de hauts et de bas, comme une vague qui vous emporte et vous ramène selon les courants et le vent. Le soleil se lève et se couche jusqu'au lendemain.

Il y a le silence qui vous apaise et celui qui vous pèse.

Une envie de bonbons ! Aux mille couleurs, pleins de sucre et de saveurs ! Des verts, des rouges, des roses, des violets, des orange... Des nounours, des œufs au plat, des bouteilles de Coca acidulées, des spaghettis, des réglisses, des caramels, des crocodiles... Que de gourmandise ! Cela fait du bien. Comme un feu d'artifice !

Le soleil couchant caresse les vagues. Elles continueront à parcourir le monde et on rêvera jusqu'au matin en respirant ses embruns.

Quand le jour se lève et s'éveille après un profond sommeil, tout s'illumine et fulmine : les couleurs, les senteurs, les regards hagards. Tout est évidence. Tout est intense. La vie est tracée comme la tige d'une fleur, à la couleur du bonheur.

Qu'il est bon de faire transpirer ses sentiments ruisselants au goutte à goutte et de couler à flot dans la rivière du bonheur !

Des fleurs, que du bonheur. Un regard hagard part au hasard. L'automne sonne des couleurs, des saveurs, croustillantes et chantantes. Les sens comme les odeurs vont dans tous les sens et nous enivrent jusqu'à plus vivre. Un jeu dansant en forme de cache-cache. Friandises d'un jour, friandises toujours.

La force du vent balaie les tempêtes jusqu'au jour où les cerisiers poussent et fleurissent ; les fruits se ramassent à pleines mains, gorgés de soleil, goûteux à souhait.

Le parfum du destin. Après le chagrin, il vient envahir l'atmosphère sur la terre entière. Tous les cœurs battent au son des baguettes magiques. Il sent les fruits de l'amour qui chantent aux couleurs de l'été festif et comique. Abricots, cerises, pêches dansent dans une ballade sucrée et légère. La vie a bon goût, sent bon, est belle dans ses coloris.

Dune, tu dégringoles et tu t'essouffles. Toi, tu grimpes et tu souffles. Le vent, lui, la caresse et souffle. Moi, je l'admire un silence, un souffle. Le souffle est encore et encore en chaque mot que tu glisses au creux de mon oreille.

Quelle est la différence entre celui qui est dans le silence et celui qui est dans l'indifférence ? Le premier ressent et pense à toi, le second est dans l'ignorance et ne se soucie guère de toi. À toi de faire la différence. À toi de faire ton choix.

Chaque doigt de nos mains file comme une aiguille qui brille en toute finesse et délicatesse, avec chaleur et douceur, pour caresser en profondeur les méandres de nos corps de bas en haut et tout en largeur. Les doigts descendent et montent ces collines et vallées en sillonnant chaque virage. Ils découvrent des glissades mimis et apaisantes en un instant. Ainsi vont les rêves et le temps qui passe.

Jette l'encre sur la feuille comme tu pourrais jeter l'ancre de ce voilier au fond de l'eau. Nage de bonheur au loin en traçant la ligne virtuelle ou écrite jusqu'à la découverte des fonds marins et d'un voyage imaginaire sans fin où les couleurs et les mots dégoulinent et glissent sur des corps sculptés, transparents et brillants à bâbord. Laissons-nous porter par le vent, l'océan envoûtant et la plume puis tournons la page.

Ce corps sculpté dans la glace que je caresse sans cesse du bout des doigts dans le froid. Il réchauffe mon cœur quand il me fait face et me fait grâce. Il brille et scintille quand la lumière du soleil le réveille jusqu'à ce que la chaleur des rayons profonds le fasse disparaître comme tout être. Après un plaisir intense, ne serait-ce qu'un temps et une vie.

La couleur du bonheur est bien là. Elle se glisse devant toi pas à pas. Elle caresse ton corps enlacé au mien. Il se jette nu au-dehors jusqu'au lendemain. Quant au ruisseau de la vie, il coule et court toujours plus loin. il se faufile de rive en rive avec envie et dérive. Les branches se jettent sur lui pour goûter à l'eau qui salive. Pour enfin rejoindre la lumière de la mer naissante qui point enfin.

Je cherche un public magique, féerique, ouvert sur le monde et la nature cosmique ! Oui, il faut bien rêver ! Notre terre est en danger ! Il faut la protéger tous ensemble ! L'amour et l'humour, j'en tousse avec des rires à n'en plus finir. Les mots dansent et chantent en moi et je vous les offre en colliers de perles pour la vie qui résonne comme un tambour en fête. Rions ensemble en direct ! J'ai tant de choses à vous dire, et vous à me dire en rires ! Allons-y gaiement tous ensemble ! Vive la vie et qu'elle est belle comme ce cœur qui bat pour elle !

Sautons, sautillons, courons après le temps et le bonheur. N'oublions pas de tendre les mains qui se lèvent là-haut. Dans les eaux qui reflètent la douceur de vivre, se baigner tous en chœur dans un saut d'amour et d'amitié. À jamais, pour l'éternité.

À l'aube, le soleil illumine la terre endormie qui sourit en me voyant lever les yeux au ciel ; elle m'appelle pour me dire « je suis avec tous ». Mes trésors enfouis au fond de moi jaillissent comme un feu d'artifices que tout le monde est prêt à regarder. Simplicité et modestie.

Prenez ma main et donnez-moi les vôtres. Nous allons faire une fleur de toutes les couleurs aux pétales qui dansent et qui chantent. Ensuite, nous raconterons une belle histoire dans toutes les langues du monde et nous avancerons ensemble, main dans la main pour la vie.

Entrez dans le cœur des gens comme dans un labyrinthe. Un chemin hasardeux en quête des sentiments amoureux et amicaux naissants. Une envie d'un sourire, d'un rire, d'attachement, d'écoute, de chaleur, de convivialité qu'on partage dans le volcan de notre cœur. Cette source de bonheur bouillonnant se propulse et jaillit sur chacun d'entre nous en couleur et avec tendresse dans cette vie d'ivresse heureuse et merveilleuse.

Les ponts, c'est ce qui unifie les peuples entre eux. S'ils cassent, se brisent, rompent, alors la terre tombera en ruine et disparaîtra à jamais.

Le soleil pointe le bout de son nez et la voix commence à sortir en quelques notes tandis que les mots dansent et chantent déjà pour être mis en scène. Je suis prête à crier l'amour de la vie et son intensité, après un profond sommeil, et toutes mes richesses avec fierté, pour vous comme pour moi, dans la lumière des projecteurs, qui sait.

Vogue, vogue et va où le vent te mène, de sa douce brise qui caresse ton visage. Va te nourrir des richesses de la terre qui t'apportent la vie, de ces hommes et ces femmes qui sont dans l'écoute et le partage.

Pourquoi tant d'indifférence et tant d'individualisme alors que vous êtes tous concernés les uns les autres par ce qui se passe autour de vous, dans le monde ou à votre porte ? Un sourire, un « bonjour », un « comment allez-vous ? » suffiront pour commencer. Qui sait ce qui peut vous arriver un jour… Donner aux autres, c'est recevoir un jour en retour. Soyez attentifs à votre prochain, il a peut-être besoin d'une oreille alerte, quand bien même vous n'avez pas le temps. Le temps se prend quand il est temps de prendre le temps. Le temps, c'est la vie et la vie, c'est chacun d'entre nous, avec des hauts et des bas. Ne nous ignorons plus et prenons soin les uns des autres. Tendons la main à celle ou celui qui en a besoin. Soyons solidaires et unissons-nous tous ensemble, combattons avec force pour la vie et le bien-être de chacun.

La nuit tombe et la fraîcheur recouvre nos corps sans joie de vivre tandis que la musique sonne l'heure, à toute heure, pour les réchauffer, les voir bouger, s'illuminer, danser, valser, salsa, tango, flamenco, rock, nos silhouettes endormies se déhanchant jusqu'au bout de la nuit. Et au réveil, lorsque le jour se lève, les notes nous ensoleillent et rythment notre vie avec douceur, caresse, joie, force en soi, pour les partager à l'unisson et les faire durer toute la vie.

Un doigt pour la vie, l'autre pour l'amour, encore un pour l'amitié et puis un autre pour la tolérance, sans oublier celui pour le ressenti profond et celui pour le combat, la force en soi, celui pour la fidélité, celui pour l'humour, un grand pour le dialogue, un géant pour l'écoute. Enfin une bonne poignée de mains, bien mélangées, avec tendresse, douceur, affection, franchise pour obtenir la salade du bonheur.

Danse flamenca. Danse et pleure de toute ton âme et de tout ton corps en solo. Ton cœur t'écoute et tu cries ta force, ta joie de vivre et ton combat pour la vie. Ton caractère traverse l'univers intérieur et extérieur pour tous tes êtres chers. Grâce, élégance, délivrance et don de soi, pas à pas, et l'amour pour toujours jusqu'à l'au-delà.

La différence dérange. La différence fait peur. Mais la différence enrichit. Elle fait qu'on avance.

Comme on dit, plus on est de fous et plus on rit, mais ce n'est pas la quantité qui compte, la qualité aussi.

La vie, c'est un repas où l'on reçoit des amis. Commençons par l'apéritif et ses petits toasts aux mille saveurs croquantes et croustillantes, aux couleurs de la nature et arrosés généreusement en bonne compagnie. Tchin ! Tchin ! Passons à l'entrée et ouvrons la porte sur une table légère, sur des assiettes copieuses et rieuses, sur un assortiment de légumes du jardin poussés avec amour, prenons le temps de déguster les mets en toute simplicité et modestie. Ensuite vient le plat de résistance dans lequel les mots dansent, chantent et rient, bien arrosés, puis un bout de fromage au choix accompagné de pain à la fois moelleux et croustillant en bouche. Enfin le dessert. Aimez-vous les profiteroles ? Moi, oui. Bon, le café, une petite gourmandise avec. Allez, une marche en forêt, au bord de l'eau ou en montagne tandis que les feuilles tombent silencieusement en multiples couleurs ; les oiseaux chantent en passant au-dessus de nous et nous font un petit coucou, en cette belle journée entre amis et avec tous ceux qu'on aime.

On construit une vie comme on construit une maison avec des bases solides ouvertes vers l'extérieur et l'avenir pour nos enfants et dans le temps, avec des fondations qui tiennent debout et font face au vent et aux tempêtes parfois. Elle accueille le soleil du matin au soir et ceux qui sont les bienvenus pour écouter, échanger, partager et construire des projets à venir.

Marchons, sautillons, courons. Prenons du plaisir, la vie nous doit bien cela. Quel que soit le jour qui suit, aujourd'hui elle est bel et bien là. Quand elle n'a tenu qu'à un fil, on l'aime plus que tout au monde. Alors profitons bien d'elle, et bien accompagnés. Seuls, elle n'en vaut pas la peine car elle s'écrit avec ceux qu'on aime et qu'on aimera, pas à pas, pour la vie et avec un grain de folie.

On a tous besoin les uns des autres. Quand on en a envie. Quand on le ressent. Pour le bien de tout un chacun. Pour nouer des liens sains et sereins.

Et pour avancer dans la vie en harmonie avec soi et ceux qu'on aime.

Penser à soi, c'est penser aux autres mais trop penser à soi, c'est oublier les autres.

Les gens sont différents les uns des autres et nous enrichissent par leur sourire et leur savoir, mais tout est question de confiance. Elle s'apprivoise, elle nous tend la main. On la saisit et on ne la lâche plus. Plus on en a et plus on en donne, et elle nous fait avancer.

Je suis là grâce à toi. Comme quoi, dans la vie, il suffit d'une rencontre. J'en espère d'autres car nous avons tous besoin les uns des autres. La vie nous réserve bien des surprises et nous traçons notre chemin. Alors avançons. Nous ne savons pas de quoi sera fait l'avenir et de qui nous aurons besoin demain. Amour, amitié, humour.

La franchise, c'est comme une bise. En douceur ou avec ardeur, mais toujours avec sincérité.

La vie est faite de belles rencontres et ce n'est pas un hasard. Quand on va mal, on attire le mal et quand tout va bien, enfin, on attire le bien. Oui, seuls les gens forts s'en sortent. La vie est tracée et le bonheur aussi. Comme il est bon d'avoir une philosophie de vie saine et en harmonie avec soi même !

Dans la vie, rien ne vaut le partage. Mais l'échange, pour moi, est dans le réel et non dans le virtuel.

Un bonhomme de neige en couleur et tout en fraîcheur. La lueur du ciel qui pleure de rires et de gouttelettes de neige bleutée, plus légères et éphémères que jamais. Les cœurs battent pendant que tout le monde danse et chante au pied du sapin, avec chaleur, au son de Noël. Un cadeau d'envie et d'amour.

Plus on est de fous et plus on rit. Est-on vraiment heureux pour autant ? Un moment seul en voiture en musique, le temps d'un trajet à travers la France et notre existence. Un silence avant que le spectacle commence. Le soir au coucher, dans le noir, avant que la bobine laisse place aux rêves sur un écran géant. N'est-ce pas plutôt par besoin de se sentir aimé, entouré, choyé ? Avoir de l'attention, toujours plus d'attention. Être celle ou celui sur qui on porte le regard et à qui on donne le plus d'amour, même court, encore et encore. Mais plus c'est long et meilleur c'est. Il faut que cela dure. La fidélité compte coûte que coûte et sur les doigts d'une main, qui sait. Elle joue aussi, mais pas avec les ressentis sinon on se retrouve seul et on ne rit plus.

La famille, quand tu l'as, elle te protège. Elle respire la bonne humeur et te touche en plein cœur. Elle te cajole comme elle te frôle, t'embrasse et te débarrasse de tes tracas. Unie pour le meilleur et pour le pire. La famille, c'est un bouquet où chaque fleur s'unit en couleurs et odeurs qui varient avec le temps mais toujours avec amour, jusqu'à ce qu'elles fanent un jour, après embellissement et épanouissement, quel que soit le temps. On la retrouve un jour. La famille, c'est une chanson dont on découvre les paroles avec le temps et l'air qui caresse petits et grands selon les saisons, les hauts et les bas comme des notes qui gigotent et qui varient mais si belle à entendre à l'unisson, main dans la main, un instrument comme ami et toujours plus loin jusqu'à la nuit des temps. La famille, c'est tout ce qu'on a envie d'avoir et ce qu'on n'a pas eu. Les rêves sont là pour espérer et rêver sans fin jusqu'au bout de la vie à l'infini. Eh oui !

Les enfants, nos enfants sont notre chair ! Ils sont l'air qu'on respire intensément. Quels que soient la mesure, les notes, le rythme et l'instrument de la vie. Même si le vent nous caresse ou nous brusque parfois, nous sommes là avec eux pour les protéger, les guider et les laisser s'envoler un jour comme un lâcher de ballons, en couleur et sans douleur ou presque, avec émerveillement, soulagement, tendresse, amour, sourires et rires à plein tir, vers une liberté tant rêvée. Nous serons unis pour la vie car tant d'amour, c'est pour toujours. Nos mains sont des liens éternels comme la musique est universelle. Les cœurs de nos enfants battront avec les nôtres parents à jamais.

Un collier de lumières illumine enfants et parents comme une charnière. Main dans la main, ils fêtent en famille tout ce qui brille. Dansons, chantons, tout le monde sautille. Jusqu'au bout de la nuit, les couleurs sont dans nos cœurs, aujourd'hui comme hier. Allez, on recommence demain, *tchin, tchin* !

Que vous m'aimiez ou que vous ne m'aimiez pas, hommes et femmes, je vous offre mon amour, comme une fleur qui s'ouvre au commun des mortels, en guise d'offrande. L'amour de mon cœur, je l'ai déjà. Pour la vie et pour toujours.

Je le vaux bien. Et vous, vous le voulez bien ? Je veux bien écrire de nouvelles pages alors.

Ouvrez-moi la porte, je continuerai à ouvrir mon tiroir aux mille trésors. Soyez au rendez-vous, l'histoire en vaut le coup.

La vie passe. Les rêves défilent et se jettent à la mer. Avant qu'ils se noient, faites-en des colliers de perles. Et qu'ils se réalisent.

Pendant les vacances, les cœurs s'envolent. Les doigts de pieds en éventail. Vent, cheveux en bataille. Balades ensoleillées toutes drôles et un coucher de soleil qui émerveille par ses lumières et qu'on garde jusqu'au réveil. Que mes écrits vous plaisent ou non, vous, anonymes ou pas, je vous remercie. Mon inspiration est d'autant plus grande, je me libère et m'allège comme une plume qui court après le plaisir d'écrire.
Les pensées s'échappent, s'envolent. Elles ne nous appartiennent pas.

Les fenêtres claquent, les portes s'ouvrent, les rideaux volent, s'envolent et rigolent. Les oiseaux me survolent et zigzaguent, *dag ! dag ! dag !* Ils chantent, libres comme l'air. Ils respirent un air joyeux en un éclair. Et traversent chaque pièce en courant d'air. Les folies de la vie de chacun chez soi.

Le bonheur est comme une fleur qu'on partage en couleur et qu'on prend le temps d'arroser avec soin. Ses odeurs, son toucher. Oui, on la caresse. On prend soin d'elle jusqu'à ce qu'elle fane et qu'elle perde un jour ses couleurs et ses pétales. Elle est belle comme nous.

Je ne connais pas d'autre médecine naturelle qui me fasse autant de bien que l'écriture pour l'instant. Comme tout médicament, on l'associe à d'autres bonbons qui vous adoucissent la gorge jusqu'à ce qu'après un savant dosage le mal disparaisse et les envies sautent de joie en plein air et en toute liberté. Ça vient, ça court. Ça frappe à la porte et je sors le moment venu toute nue prête à m'habiller.

Je n'ai rien inventé. Mon cerveau est en train de se développer. Il était endormi comme Cendrillon. Il n'est jamais trop tard. Voyons la suite. Ce ne peut être que positif.

Le vide me donne envie de voler plus haut et de penser aussi fort que le vent qui tourbillonne dans ma tête, faisant jaillir des mots comme perles de pluie qui retombent en caressant des lignes à l'infini.

Qu'il vente ou qu'il neige, malgré la tourmente, les habits s'élancent, prêts à être accueillis sur un tapis de fleurs rouges, amours protégées en cas d'orage. Mais les ombrelles dansent et attendent le soleil après la pluie, jusqu'au réveil. La corde danse comme une balançoire, voltige jusqu'au ciel pour atteindre la lumière et le bonheur de bonne heure.

L'humour est parfois une carapace qui protège de certaines sensibilités, lesquelles finissent par rejaillir un jour.

Les pages finissent par se tourner, d'autres s'écrivent quand la douleur s'apaise et disparaît.

Je parlerai d'une promenade intérieure en attendant celle dans le jardin extérieur. Elle est imaginaire et me permet de me préparer aux joies inconnues, au bonheur de cette liberté tant attendue et aux envies tant voulues et qui sont si proches mais dont je ne connais ni l'heure, ni la seconde, ni le jour d'arrivée. Ce sera la surprise et je m'y prépare avec tout à la fois patience et impatience.

La mer, c'est notre mère nature. Elle nous nourrit, parfois elle se révolte. Il faut l'écouter. Elle reprend ses droits, aussi tendons l'oreille aux coquillages ! Je les mettrai plus souvent près de mon cœur qui bat très fort pour la vie, pour les hommes et les femmes aussi.

Le froid engourdissait mes doigts et mes petites menottes un jour glissent à nouveau sur mon clavier enchanté. Ces notes qui gigotent caressent les touches bien-aimées comme on écrit une histoire d'amour. Ma voix longtemps silencieuse trouve les mots, se laisse guider et porter en s'ouvrant à une douce mélodie, à des airs en folie. Paroles à l'appui. Du plaisir et du rire.

Un crayon comme un rayon de soleil qui pointe sur une feuille à la lueur d'une page en fleur et pour tout œil. Chaque mot vaut de l'or pour qui veut bien l'aimer encore et encore. Dansons main dans la main, des gouttelettes de rires comme gourmandise. Quilles qui jonglent et s'élancent, les yeux levés vers le ciel, brillent et vrillent. Voix apaisée, suave, en joie. Toujours plus de folie, jolie, jolie... Mais les regards suivent la ligne jusqu'au bout de la piste pour décoller lors d'un prochain départ.

Quelle allure ! Quelle chevelure ! Quel regard à part ! Toujours à la recherche d'un être à part. Le vent souffle et dégage son visage. Il illumine sa mine et les pages de l'histoire d'une vie en âge et en nage. Comme un océan géant qui s'agite au gré du temps qui passe et abrite les trésors du dehors prêts à jaillir pour un face à face.

Page après page, l'histoire d'une vie s'écrit. En noir et blanc, qu'on colorie avec le temps. Un instant pour faire une pause et respirer l'odeur d'une rose. Courir après un sourire et des rires. On danse avec les vagues et on chante un air envoûtant qui sent la mer. Le soleil couchant veille et réveille l'envie d'un bain de minuit. La nuit, un soupir à l'infini.

Dis ce que tu veux. Disque, tourne et fais le tour du monde ! Un chapeau en avant, face au vent, droit devant. Le ciel sur la tête, le soleil chauffe les orteils et la musique pique les doigts, gratte sur un toit les instruments du moment. Ohé !

Chantons tous en chœur, les mains vers le cœur. Battons les petits petons.

De ta bouche sortent les mots qui courent et accourent au trot, au galop, sur l'eau, hello ! Ils flottent pas à pas en glissant, soudain géants, note après note, main dans la main c'est certain, tintin ! Et crient la vie en chanson, en dérision, en illusion mais toujours pleins d'amour.

Je sais où je vais et vers qui je vais. Les mots ne remplacent pas les actes mais nourrissent le cœur. Les silences, on les trouve dans une partition, dans une chanson. À chacun de ressentir leur intensité et s'ils ont de la valeur. Ce qu'ils valent réellement ? Seul le temps permettra d'en dévoiler les secrets. La vie est remplie d'énigmes. Cela la pimente jusqu'à ce que les portes de l'amour s'ouvrent un jour, que passe un courant d'air protecteur, chaud, qui nous caresse, où l'on se retrouve à la folie et ensemble aussi.

On me demande si j'ai un compagnon ; je vous réponds « oui, mon crayon. » Il m'est fidèle et me tient la main sans cesse avec tendresse. Il écrit des lettres d'amour comme des lettres insensées pour sourire ou pleurer de rire, imaginaires ou bien réelles qui nous font courir et tourner les pages jusqu'à la prochaine histoire. Il fait battre nos cœurs et rêver toujours plus loin et plus fort, j'adore. Il ne me trahira pas mais j'ai une main libre pour me faire des chatouilles. J'aime chanter. J'ai les paroles, j'aurai la musique un jour. En attendant, mes mots chantent, dansent ici et là et voilà une page qui se tourne.

Une chanson, quand je l'écris, c'est comme une gourmandise. J'ai le sucre en bouche qui me titile les papilles. Le goût est suave et reste au fond du palais pendant et après que l'histoire se déroule, comme votre vie pourrait l'être et ses couleurs intenses en poignées de bonbons où vous plongeriez vos mains sans fin. Vous entendriez un bruissement en guise d'instrument et le bonheur à toute heure pour tous les cœurs amoureux des mots qui chantent.

Ouvrez grand vos cœurs et vos yeux : à toute heure, les cédilles, les points, les virgules entre les mots se joignent et parlent au creux de votre oreille attentive et vive. Une simple brise glisse sur le visage de passage et les phrases défilent comme une pelote de fil de toutes les couleurs. Celles du bonheur dévoilent jusqu'à la fin du livre un champ de fleurs aux mille senteurs où l'on respire l'air pur de l'écriture. Une vie d'envies et de ressentis. Les vagues vont et viennent jusqu'à devenir reines et le soleil brille jusqu'au coucher. Tout s'éteint : les pensées, les mots, jusqu'au jour prochain. Les lumières parfois s'affolent mais on se rassure et la nuit apparaît tranquillement, attendant le jour à venir et toujours plus de mots.

Le soleil se lève, les nuages se dégagent et caressent avec ivresse et allégresse, mêlées de rage, le ciel irréel, sombre, voilé comme une ombre. Le jour s'éclaircit d'un bleu d'amour pour écrire ce livre. Il délivrera, page à page, de la cage les mots qui sonnent tout haut et vous appellera à l'ouvrir et les lire, eux qui chantent et dansent pour vous comme des fous.

Lorsque je regarde un tableau, il m'émerveille et réveille en moi des frissons de joie. Quand les mots glissent page après page, ils s'ouvrent au monde, profonds, pour toucher les cœurs jusqu'au bonheur. Quand l'océan raconte l'histoire d'un coucher de soleil d'été sur la plage aux coquillages où deux amants un soir s'enlacent à jamais, que de frémissements dans l'ivresse des corps et des cœurs unis par l'envie et la vie. Quand j'admire ces montagnes verdoyantes, majestueuses, qui me font face sans que je me lasse, tracent leurs sillons comme des papillons aux courbes douces caressant le ciel et révélant des baisers de mousse. Ma voix laissera les échos répondre à mes propos.

Note après note, elles dansent et chantent une mélodie qui respire la vie à l'infini et font battre mon cœur de bonheur.

Avec ta voix, tu trouveras ta voie. En chantant, en dansant, quels que soient la musique, les mots, l'air ou la chanson. Elle te guidera sur la route des paysages enchantés du monde entier où tu te poseras pour rêver et penser quelques notes qui gigoteront dans cette tête gourmande, tiroir aux mille trésors en offrande. Un appétit féroce dans cette force qui est en moi, qui jaillit, prête à exploser vers vous tous. Passons à table et bon appétit.

Un jour j'écrirai, je chanterai, je jouerai à nouveau du piano avec vous tant j'ai rêvé de danser avec les cordes de ma voix. Mes mots et mes doigts sur cette scène qui m'a échappé tant d'années et que j'imagine un jour rattraper du bout de mes mains, jouant avec le rideau jusqu'à ce qu'il se lève demain pour vous. Avec joie, c'est certain.

Il y a des drogues douces auxquelles on s'attache et on s'enlace avec amour. Il y a des drogues dures qui vous empoisonnent et vous emprisonnent dans la souffrance jusqu'à ce que la lumière jaillisse et la porte de la liberté s'ouvre pour suivre le chemin du bonheur. Il est là.

Croquons la vie à pleines dents ! Attention, les dentiers existent ! Nous ne sommes que de passage sur terre, à la vitesse d'un TGV. Vivons le présent aussi vite que les limaces.

Le liquide de refroidissement est utile par ces temps de chaleur. Encore faut-il savoir où il se trouve, comment s'en servir et bien le doser. Un cocktail saura nous rafraîchir les idées sans que cela chauffe.

Dans la vie, je ne vis pas que d'amour et d'eau fraîche. Le temps passe comme le jus de fruit du matin que je presse, précieux, délicieux et juteux à souhait. Il est temps que les portes s'ouvrent à moi. C'est mon histoire que j'écris et la page du passé que je tourne enfin pour en écrire de nouvelles palpitantes, majestueuses, dans les rêves et la réalité, en balayant le mal pour faire le bien. Oui ! Protéger notre planète et ses êtres vivants ! Cela nous concerne tous. Soyons solidaires ! Et tous ensemble ! Mon tiroir aux mille trésors est ouvert à toutes et à tous, au fil du temps, dans l'écriture, l'écoute, l'échange et le partage. À bientôt.

Qu'importe que tu sois grand ou petit. Que tu sois gros ou maigre, différent en somme. Je te respecte car nous ne sommes pas là pour nous faire du mal mais pour vivre ensemble. Il y a de la place pour tout le monde même si nous ne parlons pas la même langue ou n'avons pas la même culture. Combattons tous ensemble pour une vie meilleure et apprenons à nous connaître.

Pour moi, l'enfer devient un paradis. Il suffit de s'en donner les moyens.

Solidarité, combat, union, force. Tous ensemble pour sauver la planète et ses êtres vivants. Une vraie révolution. Il ne faut pas avoir peur de changer de vie et de philosophie de vie. Cessons d'être manipulés. Soyons acteurs de notre vie. Protégeons la nature.

L'heure tourne mais à l'envers. Elle se dérègle et c'est l'enfer. L'orage est là. Encore un appel. Changeons nos montres tant qu'il en est encore temps.

On peut être tout ce qu'on veut avec de l'envie, de la détermination et beaucoup de force en soi. La vie est un combat pour soi et pour ceux qu'on aime. On est là pour faire le bien. La vie n'est pas un hasard, elle est tracée. Quand tu vas mal, tu attires le mal et quand tu vas bien, les portes du bonheur s'ouvrent à toi. Nous avons tous une mission et même plus d'une à accomplir sur le chemin de l'amour de soi et des autres. Toujours avancer dans l'écriture, la culture, l'écoute et l'échange. Sans oublier les combats à venir, sans violence mais avec persévérance contre les injustices d'une terre qui tourne à l'envers. Convictions ! Évidences ! Ressentis !

La terre est à l'agonie, changeons de vie. La terre tourne à l'envers, changeons le sens des aiguilles de nos montres. La terre gronde et la nature nous éclaire chaque seconde comme la foudre d'un coup de tonnerre. Elle reprendra ses droits par des pluies diluviennes qui débordent sur la voix de la mer en colère. Le vent souffle et nous emporte, rien ne résiste à la force d'un ouragan géant. Le feu dévaste, de toutes ses flammes, ce qui nous est le plus cher, ne laissant nulle trace de vie sinon des cendres, jusqu'à descendre en enfer. Réagissons et combattons avec force tous ensemble pour la terre et ses êtres vivants. Soyons solidaires les uns avec les autres et cessons d'être manipulés. Agissons pour la planète et avançons pour le bien de tous.

Le courage, c'est se lever le matin et dire « bonjour » avec le sourire. C'est aussi ne pas mentir et dire ce qu'on pense, aussi intensément que ce qu'on ressent au plus profond de soi. Quand on sait ce qu'on veut, avec qui on le veut, seul le chemin du bonheur existe. Écoutez votre cœur. Les problèmes ont toujours une solution et n'empêchent pas l'amour. Avec des barrières, on retourne en arrière. On ne joue pas avec les sentiments, quels qu'ils soient, car cela se retourne contre vous un jour. Toujours plus de force et de combat pour soi et ceux qu'on aime et qu'on aimera. Je ne suis pas là pour me morfondre et je le dis : convictions, évidences et ressentis profonds. Le tout dans l'échange, le partage, l'écoute et le dialogue, toujours en avant.

Si tu as confiance en toi, fais confiance à ton prochain et seulement à celui qui te veut du bien. Ceux qui t'ont fait du mal iront en enfer et il n'y aura pas de retour sur terre pour eux. Seul le bien attire le bien et l'amour comme l'amitié sont sources de bonheur, comme la lueur de ma vie après la noirceur d'un cachot profond, étouffant, suffoquant, une larme d'oxygène au goutte à goutte pour seule survie. Mais une force et une soif infinies de liberté et d'envie de vivre a jailli en moi jusqu'à exploser comme un feu d'artifice aux mille couleurs, toutes douces. De la vie pour moi et pour vous aussi et, enfin, dire que la vie est belle et que ce n'est que le début.

Les yeux sont faits pour voir l'espoir que j'ai en moi et pour vous. Le cœur est là pour caresser la chaleur que j'ai en moi et pour vous. Les mains sont là pour s'enlacer les unes aux autres pour la vie comme l'amour que j'ai en moi et pour vous. C'est un feu d'artifice que j'écris au fil du temps, en couleur, et que je partage avec vous. Profitons de l'instant présent avec ceux qui nous veulent du bien. Soyons actifs et agissons contre les marionnettistes qui jouent avec nous. La vie n'est pas toujours un jeu. Soyons sérieux et combattons contre eux. L'union fait la force.

Quelle est cette force toute puissante en moi qui jaillit d'un cratère endormi et qui vit, ruisselante jusqu'à exploser d' envies et de vie ? Volcan d'un rouge sanguinaire et d'une chaleur vive caressant le corps de la terre qui suffoque pour respirer et éclater de joie, d'amour et clamer haut et fort la vie éternelle dans la paix, la sérénité et le bonheur ! C'est ma force et je la partage avec vous ! La vie est un combat pour soi et pour les autres. Soyons solidaires ! Combattons les uns avec les autres ! Échangeons, partageons, écoutons et faisons danser, chanter les mots en laissant une trace sur notre passage ! Tous ensemble pour sauver la planète et ses êtres vivants !

Nous vivons dans un monde où les marionnettistes dansent et chantent jusqu'à saturation totale ! On ne joue pas avec le bien. Le vase explose ! Les rivières débordent avec force et colère et se déversent dans une mer déchaînée. Notre mère nature ! Pendant que l'orage déverse encore l'eau sacrée sur notre terre, nous sommes prêts à nous révolter pour trouver la paix, pour nous et nos enfants à venir. Soyons tous forts les uns les autres ! Combattons pour sauver la planète et ses êtres vivants ! Tous ensemble !

Toutes les mains sont agiles, habiles, malléables, adroites, et se contorsionnent en se faufilant partout où la vie nous mène. Parfois faibles et fragiles ! Mais attention, elles se rebellent et vous agrippent un jour. Elles vous griffent le visage jusqu'au sang, celles-là qui nous aurons manipulés trop longtemps. Que justice soit faite !

La nature est capricieuse et les enfants aussi. Mais nous ne sommes plus des enfants ! Comportons-nous comme des adultes responsables et non manipulables ! Combattons tous ensemble pour nos enfants !

Il y a toutes sortes de drogues et pas celles que tu peux croire. Ma vie, tu ne la connais pas. Alors, ne l'imagine pas, n' essaie pas de la comprendre. Tu n'es pas à ma place.

La vérité est-elle toujours bonne à dire, au risque de se sentir parfois frustré ou pas écouté ? On s'en sort seul. Les béquilles sont rares.

C'est parfois quand il est trop tard qu'on s'intéresse aux autres. Prenez soin des autres tant qu'il en est encore temps.

Après la souffrance, la délivrance. Un air de liberté intense. Une page qui se tourne et le passé derrière que j'assume au plus profond de moi. Une revanche sur la vie que je ressens en mon for intérieur à chaque instant. La vie est un combat pour soi et ceux qu'on aime et qui nous portent… Seuls les plus forts s'en sortent. La vie est belle et le hasard n'existe pas...

La vie est faite de justes milieux. Il n'y a pas de place pour les extrêmes. La vie est faite de convictions, d'évidences et de ressentis profonds. On sait ce qu'on est et on sait où l'on va. Les plus forts s'en sortent toujours et la vérité prend le dessus.

La vie est faite pour avancer en toute lucidité. Toute expérience est bonne à vivre et on en tire toujours du positif. Jamais de regret. Cela nous renforce. Les pages d'un livre sont faites pour être tournées et pour en écrire d'autres. Cela prend du temps parfois, mais la vie est courte. On prend le temps quand il le faut et avec pleine et entière conscience, et en étant responsable de soi et de ses enfants. Le tout, c'est d'aller jusqu'au bout de ses envies et de ses projets, en autonomie et librement.

La tête est faite pour penser en son âme et conscience. Les bras pour porter les siens et les guider ; les jambes pour avancer dans le droit chemin.

Le combat dans le respect mutuel. Et, comme on dit : œil pour œil, dent pour dent. Toujours dans la loyauté la plus totale mais contre le mal. Les règles n'ont plus de valeur pour eux et le combat doit aboutir coûte que coûte au respect de nos valeurs, de nos convictions et de nos ressentis. Tous ensemble !

Mon arme à moi, c'est l'amour. Les tirs de joie et de liesse touchent en plein cœur. Le combat est rude mais dans toute sa splendeur. Pour finir dans les bras du plus valeureux, un jour.

La souffrance fait partie de la vie. On souffre plus ou moins. Tout dépend des jours, des heures, de la nuit, du vécu surtout. Comment on avance dans le temps, avec quelle force on supporte notre souffrance et comment on s'en libère en finissant par s'en alléger voire s'en débarrasser. Mais sommes-nous quittes avec elle et sommes-nous vraiment heureux totalement ?

Lève le doigt au ciel ! Il coulera du miel sur nos corps, un jour d'amour, à l'aurore. Une vie sucrée

de bonbons colorés qui croquent et qui font
« toc », « toc », tout en douceur et en saveur, pour
rire à l'unisson. Entrez dans le manège du
bonheur où l'espoir se faufile dans le couloir pour
aller chercher la lumière lunaire. Combat d'une
vie ! Combat à vie !

Tout le monde est à la même hauteur, sauf les
montagnes. Qui oserait avoir la grosse tête ?
Arrachez-la d'abord ! La mienne n'est pas plus
grosse qu'un bonbon. Elle fond parfois mais n'est
pas bête ! Ne vous prenez pas pour ce que vous
n'êtes pas, une star. Un peu de modestie et on
gagne. Nous ne sommes pas là pour tous nous
aimer mais apprenons à nous connaître.

Pour qui me prends-tu ? Qui crois-tu que je suis ?
Je ne suis pas naïve mais créative. Tu es entré
dans mon jardin secret. Les portes sont battantes
et moi combattante. Respire un bon coup et finis
ces quelques lignes que je signe. Tu ne
m'apporteras que ton regard. Je trouverai ce que

je vaux pour des chansons à faire et à refaire, qui les valent bien mais pas au hasard.

Nous ne sommes pas des robots. Nous avons des sentiments en guise d'aliments. Nous avançons en toute souplesse et légèreté comme une déesse. Qui est le plus intelligent, le robot ou l'être humain aimant ? Est-ce qu'il nous fait un sourire, est-ce qu'il rit avec envie ? A-t-il une voix suave et chaleureuse, pleine de joie ? Il ne vous tiendra pas la main avec faim. Nous sommes dans le monde des vivants, ne le laissons pas nous remplacer comme des pions en avant. Il ne nous vaut pas même en jouet et en sachet. Toujours plus et toujours plus vite. Après, la vie fait le reste et chacun sa place en place. Il peut faire rire comme avancer dans le monde mais la machine ne remplacera jamais l'homme.

D'un profil atypique. Attention, elle vous pique et vous implique ! Qu'importe d'où tu viens mais plutôt où tu vas. Une corde tendue emmêlée se dénoue pour s'enlacer autour du cou et de vous.

Après les coups de la vie viennent les caresses, et la sagesse entourée de folie en secouant une vie rythmée par les envies. Marche ou crève, lève la tête. Hier ne vaut pas cher. Demain est certain et la mémoire vient enfin. C'est le chemin de la vie.

Non, je ne dirai rien, nom d'un chien ! Le silence, je le ressens, il est intense. Je le souligne, je le signe sur ces quelques lignes. Et, dans cette marée humaine, je pense et je rêve sans peine. Sourires, rires et regards au hasard. Les mots comme la voix sont au compteur et tournent à l'heure. Prêts à éclairer et à illuminer les uns et les autres de bonheur. Puis on tourne la page, après une coupure, jusqu'au matin tout en images.

Tout est possible, tout est réalisable dans ce que nous sommes et ce que nous dégageons de notre personne. C'est comme une plante enracinée qui s'érige vers le ciel, la lumière, l'éternel, le spirituel. J'ai une force intérieure qui me porte vers ce bonheur et ce qui pousse avec moi.

Je veux bien être poussière dans le ciel. De toute façon, je ne serai que de passage mais j'espère bien éclairer quelqu'un de sage. Pour l'instant, je regarde les étoiles, elles m'inspirent parfois et illuminent ma petite mine avec la lueur du bonheur.

Bien qu'il fasse chaud en été et que les oiseaux chantent, parfois le silence peut être pesant à porter et le soleil ne brille pas toujours jusqu'à réchauffer nos cœurs. La neige nous brûle jusqu'au jour où, enfin, la force de la vie reprend le dessus et la découverte du monde est à portée de nos mains, le chemin de la liberté à nos pieds.

Il n'est jamais trop tard pour être heureux. La vie est éternelle et le bonheur, même s'il prend du temps pour venir, a de l'avenir pour qui veut bien prendre du plaisir à vivre.

Que d'envies dans cette vie de rêves infinis aux couleurs de la vie et de l'ailleurs. Toujours plus haut, toujours plus beau, près des étoiles et sans voile. Une lumière nous éclaire jusqu'au matin, sans chagrin et sans fin.

Trop de questions noircissent l'horizon. Et les bonnes questions éclaircissent l'horizon.

Ne pas confondre vitesse et précipitation. Mais je ne suis plus là pour perdre de temps dans la vie, même si je prends le temps pour qui j'ai envie et surtout pour ceux que j'aime. La vie est devant moi, il n'y a pas de hasard. Les portes du bonheur s'ouvrent à moi.

L'oiseau prend toujours son envol même blessé. Il vole et décolle pour survoler la terre et le désert, pour respirer l'air pur d'une vie saine et paisible en attendant le bonheur au plus près de son cœur. Prêt à se réaliser le temps venu : même si la vie est courte, tout est réalisable.

Les rêves font partie de la vie. Je suis une enfant imaginaire à défaut d'en avoir été une réelle.

Comme quoi tout est réalisable dans la vie. Volons toujours plus haut, toujours plus loin et en couleur pour ne pas oublier les enfants qui chantent, qui dansent et qui rient.

La profondeur de l'âme permet le cheminement de la vie à la découverte de la lumière éternelle et du bonheur spirituel.

Le soleil émerveille nos visages après que le maquillage a dégouliné, lavé par une pluie divine jusqu'à ce que passe l'orage. Enfin un bonheur éclatant. Il sourit et rit en cascade, chevauche les boutades pour s'étaler en masque délirant et s'ouvrir au monde.

La patience est l'essence de la vie. Plus tu en as et plus elle te mènera loin. Sur le chemin bordé de montagnes verdoyantes que les lumières rendent plus grandes, majestueuses et douces à la fois. le silence est un moment pendant lequel on pense, on aime et on respecte la nature. Tout est si fort, si intense. Pourquoi s'en priver ? Plutôt crever. Se lever à l'aube et vivre un soleil couchant d'amour.

La vie est faite de moments de solitude. De traversées du désert. Toujours au bout, un oasis où l'on goûte aux plaisirs de la vie.

Mon cœur inspire et expire l'air du désir et du plaisir, le temps de retrouver la couleur du bonheur perdu, un instant de douce folie passagère où tout est possible et réalisable dans ce monde irrespirable où l'air vous étouffe jusqu'à en perdre le souffle. Mais la vie reprend son cours et le temps tourne à nouveau dans le sens des aiguilles d'une montre qui s'affolait à tout va, sans perdre le nord pour autant et le cap droit devant, lentement, doucement mais sûrement. Le tout avec sérénité et apaisement pour que la mécanique roule à vie. Ceux qui ont fait la pluie et le beau temps sont toujours là. Il suffit d'écarter le mal et de garder le bien pour poursuivre la route du bonheur tant recherchée pour moi et pour mon fils. Cette liberté tant voulue, je la trouverai à force de conviction, de persévérance et de ressentis profonds. La vie est pleine d'espoir et l'amour fait partie de la vie. Avançons tous ensemble ! Nous avons besoin les uns des autres pour sauver notre planète et les êtres vivants qui s'y trouvent. Soyons solidaires !

Qu'est ce qu'il est mieux de prendre ? L'ascenseur ou l'escalier ? Cela dépend pour qui. L'avantage, c'est de prendre le temps de frapper aux bonnes portes, en montant toujours plus haut, avec toujours plus d'envie et de détermination, à la découverte du monde.

Le rire, c'est une thérapie gratuite et la répartie, c'est comme une partie de ping-pong. On court après la balle.

Les petits plaisirs de la vie font le bonheur. Profitons de la vie. Demain est un autre jour. Modestie, simplicité et générosité.

Qu'il est bon de se sentir purifiée et assainie en profondeur dans les entrailles de la terre et de mon corps ! Respirer l'air pur dans toute sa quintessence ! Je me sens de plus en plus légère comme une plume qui vole, poussée par une brise suave et rattrapée par une main tendue et tant d'autres aimantes, délicates et combattantes. Le tourbillon du bonheur m'entraîne, un air qui chante et qui danse sans fin, et ce n'est pas seulement une lueur mais un feu d'artifice dans toute sa splendeur, prêt à dévoiler mes secrets, mes rêves les plus improbables et mes projets. Tout reste à faire ! L'amour avec l'homme de ma vie ! L'amitié éternelle et la paix pour toujours ! Tous ensemble !

Le bonheur, c'est comme des fleurs tout en couleur qu'on cueille dans un champ pour offrir à ceux qu'on aime.

L'impatience parfois. Mais pas toujours. Elle vous joue des tours. On y coupe court des fois.

Je cherche le soleil. Il est près de mon cœur. mes yeux pétillent, s'illuminent de bonheur. Comme chaque matin au réveil.

L'espoir, c'est celui qui trace notre chemin dans la vie et nos envies quel que soit le temps, jusqu'au bonheur.

La vie ne fait que commencer. Avancez toujours plus loin, toujours plus fort, avec ou sans effort et sans remords. Pour déplacer des montagnes, avec de la gagne et sans mise à mort. Dans une musique magique et féerique, universelle et bien réelle. La voix pleine d'émoi, de joie et d'envie. Les mots qui swinguent, *Ding ! Ding ! Dong !* on est dingue de *songs*. Avec des rires qui pleuvent, averses, feux d'artifice, et qui jaillissent comme des tirs en plein cœur, le perçant comme les rayons du bonheur.

Le sol enneigé caresse l'herbe verte. L'arbre robuste se pare de quelques guirlandes joyeuses.

Tout s'illumine à la nuit tombée et rieuse. Quand soudain, sous les branches du sapin, mille cadeaux vous attendent, en rêve ou bien réels. Moi, un seul suffira, celui du bonheur.

Aujourd'hui, j'ai les yeux bien ouverts. La lumière m'éclaire comme la vie est divine et me sourit. Il n'y a plus de zone d'ombre sauf au coin d'un arbre pour penser et entendre les oiseaux chanter. Ils se reposent la nuit, le temps d'un rêve jusqu'au matin quand je me lève. Une vie ouverte au monde et à tout le monde.

Attends la nuit et sors sans crainte. Elle est pleine d'espoir et te rassure, si pure. Seules les étoiles scintillent, brillent et se dévoilent pour te guider vers la lumière. Celle qui t'illumine et chemine en toi, avec toi et avec joie pour montrer son visage au matin sans nuage.

La vie est faite de convictions, d'évidences et de ressentis. Convictions parce que c'est comme ça et pas autrement. La vie les a forgées ainsi comme une sculpture si pure, si coriace et entourée de grâce. Évidences car c'est notre existence et que c'est clair comme de l'eau de roche qui coule sous nos pieds et les caresse toute la vie, avec plus ou moins d'ardeur, qui trouve sa pointure pour avancer en douceur jusqu'au bonheur. Les ressentis, on les a au plus profond de nous, ils nous guident dans tous les sentiments de la vie et dans toutes les rencontres, éphémères ou pas. On se raccroche à eux car ils sont nos yeux, nos mains et font battre nos cœurs, nous préviennent des dangers. Ils sont notre souffle, nous accompagne jusqu'à l'amour un jour, l'amitié pour toujours et nous font palpiter et sautiller de joie jusqu'à l'éternité.

Je ne chanterai que si tu chantes avec moi. Ton sourire ensoleille la terre entière, que dire ? Les mots n'ont pas leur place quand le cœur fait sa place, que dire ? Le silence a un sens et court sans savoir pourquoi. Qu'importe l'histoire, la vie est un rêve à chaque seconde pour vivre ou sans espoir et qui s'éteint jusqu'au prochain. Tous les rêves sont des gourmandises sans trêve. Bon appétit.

L'inconscient est parfois souriant, riant, parlant et même surprenant. Il vous fait dire des choses à ne pas dire ou à qui dire. La liberté est comme l'oiseau qui vole toujours plus haut, sans frontières, les ailes légères comme tous les mots les plus beaux pour qui les vaut, en échos. Ils se suivent comme le train de la vie et des envies. Tout dépend avec qui.

La vie ne vaut la peine d'être vécue que si les envies prennent vie et tendent à être ouvertes et découvertes par toutes celles et tous ceux qui veulent bien tirer le rideau. Ce sont autant de cadeaux à offrir pour rire, chanter, danser avec les mots et toutes les notes qui sautent, la voix en musique, plus haut que le ciel, voix qui s'élève au-delà des gratte-ciels jusqu'au firmament, grimpant vers le soleil, éveil dans l'univers jubilant, en un spectacle infini et sans obstacle d'amour, d'ivresse et de joie. Que la fête commence.

Cette dame se rend compte que, tant qu'elle ne sera pas libre dans sa tête, ses rencontres ne seront qu'éphémères. Elle y prendra du plaisir mais quelle frustration quand elles cesseront ! Elle seule doit parcourir le chemin vers la liberté et vers son bien-être, afin de rencontrer des personnes plus souvent et plus longtemps. C'est le prix de la vie, de l'amour et de l'amitié. Elle imagine quel soulagement, quelle joie, quel bonheur intense l'attendent au bout du chemin ou derrière cette porte. Des larmes pour remplir son océan, qui sera en fête quand elle sera prête, jusqu'à ce déborder de mots chantants et dansants, d'humour et de sentiments éternels partagés en mille morceaux avec vous, bienheureux. Se mettre à table et servir bientôt.

Mémoire, ouvre les portes de ton tiroir pour garnir tous les fruits de la vie : verts, sucrés, mûrs, à point, dégoulinants et gourmands. Qu'ils soient goûteux, trop vieux ou trop jeunes, sous toutes les formes possibles, qu'ils s'expriment en couleur, en force. D'où qu'ils viennent, qu'importe ! Ils ont tous un intérêt, une vie, un passé, un présent et un avenir pour faire du bien à chacun d'entre nous. Cultivées dans le jardin de l'éternité, que de vitamines pour de belles journées et de bonnes mines !

C'est une dame qui vit toujours dans sa prison, sans vraiment apprécier les sorties autorisées et passagères où l'air et la lumière sont si bons à respirer au plus profond de soi. Seules les montagnes basques l'apaisent, ainsi que l'écriture dans toute sa quiétude et bientôt le chant. Les envies sont là. Elles frappent à sa porte en bouillonnant de bonheur mais sans s'exprimer. Qu'il est difficile de saisir la liberté qui lui a tourné le dos durant tant d'années ! Un jour certainement, avec de la persévérance et de la force en soi, elle y arrivera, pas à pas.

Je vous offre une fleur près du cœur à chacun, à chacune qui pleure. Par cette journée ensoleillée et pleine de baisers. En espérant que demain les cicatrices du passé se referment à jamais. Et qu'en levant les yeux au ciel, il pleuve des perles de rire et de bonheur pour l'éternité. Que l'amour et l'amitié remplacent le cachot et l'enfer, en musique, au son des tambours. Et que la vie sonne et raisonne plus fort qu'un volcan en éruption. Qu'elle jaillisse aux couleurs de la passion. Enfin l'apaisement, regardons passer l'avion. Un jour, qui sait, après…

La vie, c'est comme une vague qui va et qui vient, qui vous ramène vers la côte quand l'orage finit de gronder. Il faut attendre que la pluie et le vent cessent pour remonter à la nage seul, avec courage et force, et trouver la paix sur cette plage d'or fin quand le soleil brille enfin.

Le temps ne se rattrape pas mais du bon temps, on en mange avec une exquise gourmandise et un appétit féroce que seule une lionne affamée en manque d'amour, de soif et d'envie peut prétendre à apprécier à sa juste valeur avec au bout le bonheur de toute une vie.

Je n'oublie pas mon passé mais les bagages sont plus légers pour partir en voyage avec vous. Je ne regrette rien. Je n'ai pas choisi ma famille mais, avec le temps, je choisis mes amis. Sur le chemin de la vie qui me sourit et qui rit au gré des rencontres, le soleil comme lumière, un fond bleu azur réchauffe mon cœur, comme chaque personne qui me tient la main. Sans peur, jusqu'à l'apaisement. Et une mission pour la planète, mère nature, en faisant danser, chanter, rire mes mots, source de vie, avec humour et amour, pour toujours avec vous.

On dit que la beauté intérieure est plus profonde que l'apparence. Mais celle-ci reflète notre chambre émotionnelle. La tapisserie peut se changer si on refait les pièces intimes.

Le pays basque : ses montagnes enchantées et colorées me touchent en plein cœur et sont vives en émotion. Tout est question de patience, je les rejoindrai un jour.

Notre vécu fait partie de notre vie. Il nous permet d'avancer et de nous remettre en question pour ne pas refaire les mêmes erreurs.

La vie est faite parfois de pertes de temps et de frustrations. Qui le dirait, l'entendrait ou le comprendrait ?

L'enfance est la base, la fondation de notre vie. À nous de la faire évoluer avec le temps.

La peur paralyse et le bonheur pleure quand elle épuise. On la surmonte, on la dompte.

Il n'est jamais trop tard pour apprendre à marcher. On rebondit de plus en plus haut et de plus en plus vite en prenant le temps et en sautillant de joie. Tout en découvrant le monde autour de soi, pas à pas.

On ne rattrape pas le temps perdu mais le présent et l'avenir, c'est comme un plat avec toutes ses saveurs infinies qu'on découvre en bouche, petit à petit, tout en longueur, dans les plaisirs de la vie. La mémoire est un tiroir aux mille trésors.

Une fleur, si tu l'arroses, elle vit et s'épanouit. Si tu lui enlèves le soleil, elle meurt.

L'avenir, c'est le présent. Chercher, c'est trouver sans chercher. La porte s'ouvre avec la clé du bonheur.

Toi, mémoire endormie qui rejaillit enfin en moi et qui me sourit de surcroît avec une joie intense. Tu es comme un volcan aux couleurs éternelles dont les laves s'entravent et explosent comme un feu d'artifice en plein ciel, se jettent pour en faire un tapis aux mille trésors que l'on caresse, touche et saisit un à un pour les glisser entre vos mains, aux creux de vos oreilles et sous vos yeux, pour votre bonheur et le mien.

Qu'il est bon de sauter, de danser à toute heure de la nuit, quand les étoiles nous illuminent, divines, et scintillent comme ce charmant croissant de lune près de Neptune qui somnole en vol sur des nuages de passage jusqu'à ce que les moutons nous émerveillent et disparaissent au réveil.

L'échec construit, il permet de grimper les marches de l'échelle pour passer le mur et découvrir le monde. Il permet de monter les marches toujours plus haut pour atteindre le toit du monde en frappant aux portes qui veulent bien s'ouvrir. Toutes les expériences sont bonnes et positives et font avancer. Tout est question de temps et de personne.

Tout et rien, d'où cela vient ? D'envies, de bien et de rien, enfin du bien. Rien, c'est du chien et c'est plus rien. Un jour tu cours, un jour tu viens. Va et viens, tu reviens d'où tu viens. Un jour tu découvres le bien et tu viens vers ce qui est bien.

Laissez courir vos pensées d'amour, elles fleuriront votre corps en couleurs et senteurs et vous sourirez de bonheur pour offrir la fleur qui touchera ce cœur, caresse le vôtre, pour la laisser s'épanouir et s'ouvrir au grand jour près du vôtre. Quand les cœurs battent, la vie respire de désir et de plaisir.

Quelle couleur choisiriez-vous pour écrire l'histoire de votre vie ? Moi, le orange comme l'Andalousie et ses orangers en fleurs au printemps, ses senteurs à toute heure du jour et de la nuit. La chaleur enivrante et le flamenco qui nous fait pleurer de joie. Une danse de caractère pour tout ceux qui en ont. Une langue qui chante au son des guitares et des voix qu'on croise jusqu'au bout de la nuit pleine d'amour et de foi. Rêvons un instant, voyageons à travers les frontières et le temps, puis tournons la page.

Il n'est jamais trop tard pour oser. Entre-temps, on fait une pause pour « je m'en fous » ; un jour enfin, on dit « non » et que c'est bon, tout autant que dire « oui » comme sucer un bonbon. Puis on pense à soi, on s'assoit en souriant et en riant sans savoir pourquoi.

Enfin la vie, les envies. Tout est permis. Tout est réalisable. Je suis moi-même et me découvre de jour en jour au réveil de ma vie.

Les faims ne se commandent pas, elles sont sans fin et à plus soif.

C'est une question d'envie. La vie sans envie n'est pas une vie. Allons vers les envies de notre vie et qu'elles prennent vie toute une vie ! Les rêves deviennent réalité un jour.

Un éventail balaie le visage qui respire sans faille. Un éclair jaillit, le tonnerre gronde et la pluie tombe par trombes. Le soleil surgit et réchauffe la délicate figure au regard à part, si pur. Un profil subtil qui file droit au vent, au caractère ouvert. Et s'envole vers un lointain chemin, qui sait demain.

Après une guerre, on reconstruit et c'est un challenge immense sur terre. Dans une vie, on se reconstruit aussi et c'est un défi pour soi, un combat pour la vie. Pas à pas, marche après marche, avec un goût intense qui a une saveur pleine de revanche. Une sauce légèrement pimentée qui reste en bouche et qui accompagne le plat de résistance, l'existence. Chaque seconde compte pour atteindre le toit du monde. Celui qui nous fera voir la vie en couleur et pleine de folie, en douceur. Aimer et être aimé, quoi de plus sensé et joyeux.

Les défauts sont des preuves de qualité. Il vaut mieux qu'on en ait. C'est un équilibre de vie où la perfection n'existe pas. Vous avez dit perfection ?

À en perdre la tête, je me dirige où tout est possible, comme une horloge qui perd le sens des aiguilles et qui s'affole pour reprendre son sens et sa route vers les mille et une nuits. Et le jour, le combat pour la vie.

L'automne passe, les feuilles tombent, les corps sont habillés de couleurs, avec légèreté, sont enlacés l'un à l'autre pour se tenir chaud. Se dévoiler le temps venu au printemps quand, à l'abri près de l'arbre, il y a tant de choses à se dire côte à côte, en musique, en marchant ou en dansant quel que soit le temps. La lumière du bonheur nous éclaire.

Faire un tour en petit train. Jouer comme des enfants avec son enfant. On tourne encore et encore comme une danse qui se lance avec élégance. Et à la vitesse de la vie qui passe et de ceux qui s'aiment. Ces rires qui éclatent et la locomotive qui s'active pour un voyage à tout âge, arrêt pour tous les passagers et destination bonheur à toute heure.

Je ne peux, je ne veux pas. Et pourtant j'en crève d' envie. Mais qu'est-ce qui m'empêche de dire ce que j'ai envie ? Non je ne dirai rien. J'ai le souffle coupé. Je respire à peine. Mais c'est la vie. Mon cœur continue de battre et mes pensées s'envoleront jusqu'à ce qu'elles réapparaissent, un sourire, les dents qui brillent. Il faut bien rire. La vie est faite ainsi. Elle est belle et rebelle, je l'aime.

Qu'est-ce qui pourrait vous rendre heureux dans la vie ? Ou qui est-ce qui pourrait vous rendre heureux ? Cherchez bien, grattez, creusez, fouillez comme un trésor que l'on cherche toute une vie. Une pépite que l'on trouve un jour, qui sait, et dont on se pare de toute part comme une richesse en soi et pour soi, que l'on partage pour la vie, qu'on met autour du cou, le cœur qui bat, qu'on ressent comme un regard rare et qui nous rend en or. Alors la vie est en or.

La vie est une découverte qui me rend guillerette, mes pensées m'échappent et s'évadent sur les chemins du monde vers tout le monde, dans toute sa splendeur, ici et là, accompagnées des rires de fidèles amis qui m'ensoleillent et me réveillent du matin jusqu'au soir ; l'écriture perdure que je partage avec vous. Tant d'envies, de désirs, de plaisirs et on tourne la page.

Les chatouilles, tu n'as pas la trouille ? Un peu sensible mais irrésistible. Alors des rires par brouettes, tu pousses ? L'amour, c'est comme l'écriture : quand l'inspiration vient, il n'y a plus de fin. Faim d'envies, de désirs et de plaisirs. Il suffit de se lancer.

Une pause sandwich. Avant de croquer dedans, on y met du pain croustillant et gourmand beurré de crème d'amour. Un cœur plein de tendresse, de bonbons savons, de mains douces en crêpes, de joujoux tout choux et de bulles de silence. Le tout saupoudré d'une sauce aux rires. Mangez sans modération et bonne digestion, petits et grands.

Ce matin je me suis levée et j'avais envie d'un café. Je trempai mes lèvres et il coulait chaudement en moi. Une tartine beurrée de confiture qui fond en nage dans le bol et tu peux croquer un morceau comme tu croques la vie. C'est suave et délicat en bouche et le soleil au réveil m'illumine et donne bonne mine. À qui, à quoi pense-t-on à ce moment-là ?

Moitié d'orange juteuse. Moitié d'un verre tout vert. Moitié tout court. On l'est ou on ne l'est pas. Il est plein, ça c'est certain et je le partage goutte à goutte, larme après larme, de joie ou d'émoi jusqu'à plus soif. Sourires qui courent après les rires par moitié. Qui est-elle ?

Ne joue pas avec moi comme tu joues seul avec ta gratte. Elle ne résonne pas comme avec moi. Les sons sonnent juste mais la voix n'y est pas. Il faut l'air et la chanson. Les doigts te seront utiles où qu'ils soient. Tu l'entendras près de toi et ça t'enchantera comme un gosse, les dents qui brillent. La chanson terminée, une autre viendra et tralala…

Aimer, c'est sans faire de différence : petits ou grands, beaux ou laids, de races différentes, handicapés ou non, riches ou pauvres, avec ou sans le sourire. Oui, l'apparence reflète une part de notre intérieur le plus profond mais prenons le temps d'aller chercher ce qui s'y trouve. Aimer, c'est notre seule richesse et notre seule nourriture, notre carburant pour la vie. Vous aimer et t'aimer. Enfants et adultes, petit à petit, au rythme de la vie. Le reste, c'est des envies, des désirs et du plaisir pour la vie.

Un collier de fleurs qui éclaire chaque sentiment de la vie et chaque jour qui court. On le porte à toute heure. On le sent sur la peau et il vit en nous et rit à voix basse. Un vent passe, les pétales s'envolent et frôlent l'oreille. Que dites-vous ?

Quelques douces folies de ma vie. Qui en font partie ? Ceux qui veulent bien aboyer ou miauler le temps d'un instant. je chasse celles et ceux qui riront en CDI. Qui courront à quatre pattes sur un âne et qui feront le baiser le plus long au monde saveur chocolat. Sautons, sautillons de joie en faisant le singe. Mes mains sont folles d'amour et gribouillent n'importe quoi.

Voyage jusqu'au bout de la nuit, jusqu'au bout de la vie avec ou sans passager ? Arrêt désiré, montée souhaitée. En avant toute, vitesse illimitée, folie assurée…

Le temps d'un moment, d'un instant d'insouciance avec élégance. Les yeux dans les yeux qui scintillent comme les étoiles en plein ciel et comme un éclair foudroie le cœur charmeur. Un sourire qui s'étire jusqu'aux oreilles en éveil à l'écoute sans doute de notes enchantées et de mots qui sonnent cette mignonne. Une main tendue et le corps qui dort se réveille et s'émerveille au toucher de son déhanché. Le cœur palpite, tout va plus vite, enlacés qui sait. Des rires qui s'égarent et l'heure est au face à face.

La vie est belle comme des éclats de rire. J'ai les mains libres, la liberté de penser, de faire et de dire ce qu'il me plaît avec ou sans vous. J'irai là où le chemin me guide, j'y crois. Je ne tomberai plus sinon je me relèverai pour mieux y voir et voir ceux qui veulent me voir et aimer ceux qui veulent m'aimer. Avoir peur, pourquoi ? Le bonheur est là et la vie n'est que patience.

Savez-vous où je me trouve ? Je ne vous le dirai pas mais croyez-moi, mon compagnon le crayon n'a peut-être pas un sourire mais il éclaircit ma vie comme vous pouvez le faire. Ce sourire m'illumine mais il ne faut pas le dire trop fort. C'est un secret entre vous et moi. Et puis les compliments, c'est comme les sentiments, trop c'est trop mais je suis généreuse. Alors ce soir je vais garder la ligne jusqu'au point en toute modestie. C'est la vie.

Je me suis longtemps accrochée aux arbres jusqu'à ce que les bourgeons, les fleurs, les feuilles puis les fruits apparaissent. Aujourd'hui, les branches ne cassent plus et je les regarde de près, le soleil qui leur dit bonjour et bonsoir et les éclaire toute la journée en souriant. Alors je me dis que la vie est légère et fruitée et que, malgré les silences, j'avance une poignée de cerises à la main et des fleurs dans l'autre jusqu'à ce que mon cœur pleure d'amour au pied du cerisier.

J'aime ne penser à rien. Un tout petit rien. Et pourquoi penserai-je à vous ? Pensez-vous à moi ? Un moment de silence dans cette existence pour vivre un instant reposant. La vie reprend toujours le dessus. Et vous, où êtes-vous ? Qu'importe, on ouvre et on ferme les portes. On se perd ou on se retrouve. Mes pensées se sont envolées une seconde comme un courant d'air. C'est ma respiration. Et vous ?

On dit que la folie est en nous. Une folie douce certainement, mais elle nous entraîne et nous mène vers une sensation de bien-être qui dépasse l'éden. Je ne peux m'empêcher d'y penser et je m'inspire comme je respire de ces pensées. Je suis heureuse mais pas peureuse et la vie est faite d'espoirs. Comment ne pas y croire ? Au jour le jour, un sourire d'amour à offrir.

L'amour ne se commande pas comme on commande un taxi pour partir en voyage de rêve. L'amour est spontané comme une balle de ping-pong qui se renvoit de je ne sais où. L'amour, quand il vous tombe dessus, c'est comme une pluie d'or fin. On est habillé pour la vie. L'amour, ça ne se contrôle pas comme la vitesse en voiture. On lâche le frein. L'amour, les cœurs battent à cent à l'heure sans attaque cardiaque et sinon un bouche à bouche. L'amour on décolle, on s'envole et on rigole. Pourquoi s'en priver ? L'amour, il n'y a pas d'heure ni de jour ni de mois ni de moment pour tomber amoureux. Laissons-nous aller !

Flotte, flotte, gouttelette ! Glisse sur nos corps encore et encore. Ils s'enlacent et elle se noie de joie. Caresse en douceur cette fleur avec pudeur. Quand apparaît un grain de folie, la vie surgit. Un feu d'artifice aux mille saveurs. Que du bonheur !

Attends, j'ai un cheveu qui me tombe sur les yeux. Je vais mettre les essuie-glaces. J'ai les larmes qui coulent de joie. Donne-moi un mouchoir que je puisse te faire un clin d'œil. Garde la lumière allumée, ça en vaut la peine. J'ai le rimmel qui coule mais je suis naturelle. Dis-moi que je suis belle au moins pour ce soir sinon éteins la lampe et on se cherchera dans le noir. On finira les quatre fers en l'air. N'importe quoi !

Gardez les yeux grand ouverts ! Regardez à droite puis regardez à gauche. Marquez le stop et laissez la priorité à madame. vous êtes galant j'espère ? Conduisez-la boire un verre. À moitié plein à moitié vide. Ne lui faites pas tourner la tête. Elle trébucherait sur une marche et tomberait dans vos bras. Comme elle n'a pas la ligne et qu'elle n'a pas bonne conduite, elle grillerait le feu jusqu'à destination.

J'avale cette eau fraîche comme l'amour qui ruisselle le long de nos corps en profondeur tout en douceur et rondeur pour éclairer avec attention ce qui s'y cache et jouer à cache-cache lumière éteinte et yeux bandés jusqu'à plus soif.

Ta musique vient de loin et tu chantes près de moi. Tes notes grattent avec doigté en caressant tes guitares comme tu caresses le corps d'une femme. Un pont nous sépare où la mer s'écoule et nous saoule sans la foule. Traverse et rejoins-moi, j'attendrai sur la plage. Nous irons en balade au bord de l'océan jusqu'au coucher de soleil géant. Alors une nuit dans les étoiles où tous les rêves sont permis. À nous de les réaliser !

Je colorie ma vie avec des feutres de couleur. Ils s'étalent et se propagent sur tous les étages. Tête pensante avec de la voix, bras levier, mains stylos, jambes qui dansent, pieds qui avancent. Tout gesticule au rythme des pensées et de la peinture qui dégouline, s'incruste à la vitesse du son devant et en moi. Tout est clair comme la lumière, limpide et sans ride. Ligne droite sans œillères, aujourd'hui, demain et plus hier. Avant toute et sans doute !

Assieds-toi sur cette chaise. Elle porte tout le poids de la vie. Elle soulage tous les maux de ton dos. Tu te reposes le temps de reprendre ton souffle et tu t'élances les bras grand ouverts là-bas. Tu cours dans tous les sens et tu trouves ta voie. Elle est là, bel et bien là. Tu te sens moins seule et ils seront là. Avec toi pour te guider, ceux qui t'aiment et t'aimeront à jamais. J'y suis, j'y reste. La voie du bonheur !

Regarde là-haut, saute le plus haut et le plus loin possible. Attrape toutes les envies qui courent dans ta vie. Saisis-les et ne lâche rien. Croque-les à pleines dents. Elles sont juteuses et respirent la vie survoltée. Tu as les mâchoires solides et tu pourras tout avaler tant c'est bon et tant tu as été privée. La digestion sera légère comme une brise qui caresse ton corps et s'en échappe en bulles, en grappes. Je suis une plume et je vole comme je chante dans le vent. je me pose pour vous écrire ces quelques mots dansants. Je sais où je vais.

L'amour d'une mère, quoi de plus beau. Quand on ne l'a pas, on va le chercher ailleurs. Il ne se remplace pas mais le vide se remplit comme dans un verre à ras bord et nous sommes assoiffés d'affection sans nom qui coule comme un torrent de pluie et qu'on boit sans fin jusqu'à la sécheresse, la vie qui cesse. Toujours plus d'amour et moins de manque pour la vie.

Un père doit être protecteur, rassurant. C'est lui qui montre l'exemple, qui nous guide par son autorité autant que par sa douceur. C'est lui qui nous dirige vers la vie et l'homme de notre vie. Faut-il qu'il soit un exemple. Il est unique mais on ne le choisit pas. S'il n'est pas là, on s'en passe. L'amour court ailleurs.

Toutes ces années endormies. Je souris, je ris, je vis. Je croque la vie petit à petit, pas à pas, petits ou grands. Je tape dedans avec douceur mais avec ferveur aussi. Je me délecte du goût de chaque envie qui surgit en moi comme chaque désir et plaisir à la queue leu leu. Je vous invite, vous qui voulez prendre le train en marche jusqu'à l'apothéose grandiose et magistrale. Pourquoi ne pas voir grand tant la vie a été minable ? Elle touchera au moins le ciel et les étoiles et je brillerai comme elles. La modestie reste en moi mais le haut vaut mieux que le bas. Alors je ne souhaite plus toucher le fond. Juste caresser l'eau pour faire frétiller les poissons. Le soleil brille et je vous envoie un rayon de soleil.

Une page blanche. On y met tout ceux que l'on aime et tout ceux à venir. Tout ce dont on a envie et la liste est longue. Les promenades au grand air qui caressent les visages pour respirer la vie et l'amour. Des moments imprévus comme des rires en cascade. Des courses après je ne sais quoi comme le temps irréel parfois. Toujours plus d'idées qui sortent de la cheminée et s'envolent dans un avion destination bonheur. Des batailles de coussins pour finir en désir. Main dans la main, pour la vie, pour le meilleur et pour le pire et j'en passe.

Si tu me voyais, que se passerait-il ? Le jour où tu me verras, que feras-tu ? Peut-être rien ou peut-être tout, tout ou rien. Te jetteras-tu dans mes bras pour rire ou me feras-tu une bise exquise, ventouse et baveuse ? Me serreras-tu la main entre copains coin-coin ? Toujours est-il que je serai là, les yeux qui brillent et qui éclairent la terre entière.

Je suis allée brûler un cierge à l'église du coin de la rue. J'ai eu une discussion avec le bon Dieu et il m'a promis de réaliser tous mes rêves. Il m'a dit que j'avais une conduite exemplaire sur Terre. Pas de mensonges, que des songes. Pas un regard de travers, la route est droite. Les yeux rivés vers les bonnes œuvres et les bonnes causes. Ne vous sentez pas visés. Gardez la ligne et pas trop de lourdeurs. Moi je m'allège en mots de tout genre, amen.

Plus de brouillard, plus de pluie et plus de nuage. Une route visible et lisible où les lumières viennent de tous les côtés et éclairent un paysage qui s'embellit au jour le jour. Sa végétation est nourrissante, vivante et bouge avec le vent, frémit au passage des bolides rapides et solides. Qui ne prendrait pas sur son chemin une belle plante enchantée et verdoyante pour sa plume, sa voix et une tige précieuse.

La maison du bonheur. Qui rentrerait dans cette maison ? Hommes, femmes et enfants qui s'aiment avec joie, tendresse et humour. Où le partage à chaque étage, dans toutes les pièces et dans la liesse est une gourmandise. Le dialogue plus que le monologue qui jaillit et fuse à chaque angle et porte venant de toutes et tous. L'éclairage sur des moments simples de la vie et des rires en délire. Quelques instants qui pincent le cœur, bons ou mauvais mais sauvés par l'amour. La clé de la maison est là. Un jour, la porte s'ouvrira.

Je caresse les touches de mon piano pour y jouer, bientôt. Cela date mais je ne le raterai pour rien au monde. Tout est question de patience. Les notes s'affolent. Elles se baladent et glissent d'un côté comme de l'autre. Elles s'emballent et moi, je cours pour qu'elles me racontent une histoire d'un soir. Les rythmes, mes doigts les entraînent comme une mélodie en folie. Le cœur qui bat comme une belle rencontre amoureuse. Mais tout a une fin jusqu'à ce que tout reprenne et tout s'enflamme à nouveau. Il est fidèle à part quelques fausses notes mais on en rit et je l'aime.

J'apparais, je disparais, je réapparais, je disparais à nouveau et un jour je suis bel et bien là. Coucou ! Que fais-tu ? Que vois-tu ? Où vas-tu ? Ici, je te vois encore et encore sauf quand je dors et quand mes paupières clignotent. Mais tu es bien ici et moi là. Un jour là, un jour ici et demain qui sait ici ou là.

Elle portait une robe qui volait au vent. Elle se dévoilait au soleil et la lumière éclairait ses courbes comme ses jambes qui tremblaient sur ses talons. En avant, une marche douce mais franche. Ses hanches dandinaient et son corps se balançait les bras devant derrière comme aujourd'hui et demain. Les mains suaves qui t'attendent et tiennent la main d'un enfant qui passe. Elle regarde le ciel et un éclair l'illumine. Elle sourit et lui aussi. Il est temps de rentrer.

Allô, hello ! Maintenant un livre à lire et à relire. Ma vie défile et mes ressentis en vie. Tournez les pages. Elles sont sages, parfois s'agacent en douceur et se révoltent mais elles disent ce que je pense avec beaucoup d'amour, ce que j'imagine en couleur au plus profond de moi. Je vous sens bien, un lien entre nous. Qu'en pensez-vous ? Un rien nous unit ou tout plutôt. Je vous vois, je vous entends et je vous sens. Du moins, je l'espère. Vous êtes ma raison de vivre. C'est ma plume qui me le dit et mon cœur aussi. Le mien ne me trahit jamais. Quand vous verrai-je ? Jamais peut-être ou demain qui sait. L'encre de ma plume continue à couler alors je suis pleine d'espoir, mon cœur bat pour l'amour et la vie. Convictions, évidences et ressentis, c'est à lire. Vous m'y retrouverez telle que je suis. Une battante amoureuse de la vie. Alors allons-y et vous aussi !

Rouge comme la couleur de vos lèvres, couleur de l'amour. Bleu comme le ciel éternel, couleur de l'azur. Vert comme la couleur de l'espoir qui court en nous. Orange comme un coucher de soleil qui s'éteint sur l'océan. Blanc comme de la pureté et la transparence de notre existence. Jaune, couleur canari, l'oiseau qui rit à l'infini dans nos vies. Les couleurs du bonheur encore et encore.

Le toit du monde. Le jour où on l'atteint, il y fait beau et bon. Les fleurs et les arbres poussent sans fin. Le soleil nous éclaire alors que nous dansons comme des fous à l'aube de notre existence. Nous nous bidonnons de rire en faisant des roulades comme des gamins. On réalise que la vie n'a pas de prix. Toucher le ciel n'est pas impossible. Il suffit de tendre le bras, lever le doigt et la lumière s'éclaire en nous. Un bleu qui nous rend heureux pour la vie. L'air y est pur et nous respirons le bonheur. La réussite est à portée de main.

Je m'inspire comme j'inspire au plus profond de moi, je pense à l'amour de la vie et de ceux qui m'éveillent et m'émerveillent. Un simple regard, une pensée, un sourire, une voix et tout part. Je m'évade, je rêve éveillée les pieds sur terre prête à décoller pour le voyage suprême qui dégagera tous les sens si intenses, de vous à moi et vice-versa. Encore une fois, les idées fusent, irréelles qui sait mais bien réelles souvent. Alors le vent les balaye jusqu'aux prochaines après les avoir semées, plantées. Elles poussent, elles éclosent et s'épanouissent avec le temps comme une douce folie, jolie, jolie.

La porte s'ouvre, je dis bonjour. Il me répond surpris avec des yeux ronds comme des billes, qui brillent et qui m'attaquent d'un coup de flèche.

Nous échangeons des banalités alors qu'il bégaie et cela me fait rire. Les mots sont dans son sac en vrac coincés dans sa gorge. Je le fais tousser après quelques bêtises qui frisent comme je les aime. Et tout explose. Il faut juste sortir la casserole du feu et servir les boissons chaudes avec les petits gâteaux. Debout ou assis, ça ne change rien, les mains tremblent. Tout déborde, rire donne soif. Il faut faire vite mais quand on est bien on ne voit pas le temps passer.

On a toujours le choix dans la vie. Alors fais le bon choix. Il te tend la main. Qu'importe la main gauche ou la main droite. Elle est solide, tendre et délicate. elle te mènera au bonheur, l'amour éternel. Il suffit d'y croire et de laisser parler ton cœur. Il bat pour elle et elle n'attend que cela. Serre-la fort dans tes bras et tu te sentiras rassuré, le sourire aux lèvres. Tes mains danseront pour caresser son visage si sage. Quelques larmes de joie glisseront sur sa joue pour te dire tout son amour un jour.

Il bruine sur la ville. Le regard lointain mais serein. Certaine que l'horizon s'éclaircira pour laisser place au soleil qui nous fait tant rire. Moi le sourire me vient quel que soit le temps, du matin jusqu'au soir. Je le cultive avec envie, amour et pour toujours. Je le donne avec générosité à qui veut bien le prendre. Et s'il veut l'encadrer, je lui offre les clous et le marteau, attention les doigts ! Il a la valeur qu'on veut bien lui donner mais il est sincère et a goût de fruits de saison. Il se glisse de bouche en bouche mais va toujours vers celle qu'il aime. Il se repose la nuit mais parfois il rêve, se réveille en sursaut et rend heureux celui qui le reçoit comme celui qui le donne. Que les sourires continuent à jaillir comme un volcan en éruption sans fin.

Ma plume me dit « ne cours pas après les mots. » Ce sont eux qui courent après toi. L'encre est une ressource infinie qui me nourrit comme l'amour. Elle laisse des traces intarissables. J'avance sur ce chemin qui est le mien avec une certaine assurance, même si on est sûr de rien, et un apaisement certain. Les yeux ouverts, je découvre la vie. Les yeux fermés, je sais où je vais. Vous qui faites connaissance avec moi, n'ayez pas peur que nous fassions un bout de chemin ensemble. Mon âme et mon cœur sont tout feu tout flamme, sans drame aujourd'hui, une pointe de sagesse, de belles pensées et des actes aussi. La route est belle et longue, beaucoup d'amour à donner. Je me ferai prescrire une ordonnance par mon médecin, qui sait cela existe peut-être en gélules et j'en ferai une overdose. Que la vie peut être drôle et rose. Il suffit d'y croire.

Une balade en barque. Une eau paisible. Un calme rare, un peu trop tranquille. On entend même les insectes faire l'avion autour de nous. À quand l'atterrissage sur l'eau et non sur nous pour une bataille à venir et des rires. Tu rames, je rame ? Qui a le plus de muscles, le plus d'expérience ou un diplôme qui sait ? Mais peut-être un peu de courage ou de galanterie, les deux alors ? Tu as quelque chose à demander ? Oui, j'ai une crampe. Tu ne peux pas me faire un massage ? Tu m'as dit que tu avais des doigts de fées. Tu as de la crème ? Oui, de la crème fraîche. Bon, ça te servira de crème solaire en même temps et on verra si la fée sera efficace et revient un jour.

Il fait nuit. Cela ne change rien et ne vous changez pas. Restez habillé, les yeux écarquillés, prêt à surprendre une bêtise passer au vol. Moi je les collectionne et les échange à un bon prix. Encore et toujours plus et j'en ris même si je n'ai rien à dire. Cela me distrait et merci de votre attention. Mes pensées à l'instant sont en baisse de tension même si je monte la fréquence. La plume court sans savoir pourquoi et quoi dire. Moi je marche au ralenti mais je suis prête à courir après mes mots. Vous c'est autre chose. Ça va, ça vient comme les mouvements des corps en effort. Nous sommes libre d'écrire peu de choses bien que nous ayons toujours quelque chose à dire. Je pense à vous.

Si je viens, me recevras-tu ? Laisse faire ton sourire. Il n'a pas de mode d'emploi et va droit au cœur. Il parle plusieurs langues. Un jour, celle de l'amour peut-être. En tout cas, il est émouvant et fait rire et déplacerait des montagnes comme il déchaînerait les vagues jusqu'à ce que tout s'apaise et que les mots enfin sortent du sac en vrac pour dire une banalité. Puis les choses de la vie et des paroles me toucheront pour te toucher aussi. C'est la vie sinon tant pis. Les pages se tournent. Elles pleurent, elles rient et d'autres s'écrivent. Je serai là et toi aussi.

Mes bagages sont légers avec ma plume et mes mots. Sans oublier mes envies, mes désirs et mes plaisirs. Sans compter l'amour qui vient. L'amitié à échanger. Et tous les partages à faire comme on coupe un gâteau avec gourmandise, chacun son morceau au choix, petit ou grand selon l'appétit. Le tout c'est d'être ensemble. Pas de culpabilité, ni de honte ou de regrets quand on n'est pas coupable. L'assiette est pleine et j'ai faim. On est ce qu'on est, avec ou sans mais. Plutôt sans et toujours avec plus de oui mais parfois des non aussi. Libre à vous de prendre ce que je vous donne. Vous pouvez me livrer vos secrets, je les digérerai bien. Je tends ma main mais ne me prenez pas le bras. Tout dépend pour qui. Il se pose pour écrire et raconter la vie et quelle vie, c'est ainsi.

Des milliers de cœurs s'envolent dans le ciel. Un seul suffira pour se coucher près du mien et battre en musique, tout le corps vibrera au son de l'amour. Une nuit de folie où tout dérape, glissades, enlacements et roulades rocambolesques. Sans oublier la douceur des ombres amoureuses qui se caressent avec allégresse, ivresse jusqu'à saturation et épuisement. Le souffle est coupé par l'emballement de la danse corporelle et sentimentale. Les sens sont en alerte et tout est émerveillement comme les ressentis de ma vie.

Cette inspiration, c'est la vie qui me la sert sur un plateau. Le matin au petit déjeuner, le midi au repas, à quatre heures en collation, le soir au dîner et au coucher. Mais surtout c'est toi aussi qui me la donne même si au fond tu n'y es pour rien. Et pourtant c'est tout pour moi. Elle jaillit pleine d'amour et de force en moi, inépuisable. Elle court les routes comme une plume suit les lignes en glissant au bout des mots jusqu'à plus soif et plus faim. Mes pensées sont sans fin et ne s'éteignent que lors d'un court sommeil. Les rêves prennent la relève et dansent jusqu'au matin. Oui, tu es mon encre et j'y trempe ma plume, la vie me guide dans l'écriture comme une maîtresse sage. Tout est bon pour suivre le chemin entre les pensées et les mots sur le papier.

Que dirais-tu si je te comparais à un cornichon ? Moi je te dis que c'est croquant. Ça fond dans la bouche. C'est vert comme la campagne et l'espoir. Ça se marie avec tout ou presque tout. Moi pas encore mais pourquoi pas un jour. Ça danse sur une tartine la bouche grande ouverte et un appétit féroce. Ça se digère sur un canapé enlacé, bien au chaud à dire des bêtises comme je les aime.

Une bonne douche rafraîchissante avec un brushing raplapla. Les nuages à la queue leu leu, embouteillage assuré et klaxons garantis. Ne pleurez pas, vous risqueriez de provoquer une inondation, la Garonne déborderait et vous, les pieds mouillés, prêt à faire le canard avec les palmes. Ça y est, vous souriez. Ça vaut presque un rayon de soleil. Ne vous noyez pas de rires quel que soit le temps. Ce sont les soldes et qui sait un rayon en promo, à bientôt.

Croire ou ne pas croire. La vie est faite de croyance et d'espérance. Moi je crois en ce que la vie me donne et je prends ce que l'on me donne de bon. L'amour mais pas la souffrance. L'espoir mais pas la désillusion. Le chemin du bonheur est tracé pour moi. Seuls les gens qui m'aiment et m'aimeront doivent me rejoindre pour tracer la route à petits pas ou pas de géant en enjambant parfois les trous et les flaques, en profitant du paysage main dans la main. Le soleil éclairera nos vies avec la lumière du jour comme abat-jour pour un cerveau bien rempli qui tourne et qui tourne comme un manège pour enfants. Ceci n'est pas un rêve mais la réalité que j'ai bien méritée. Les pieds sur terre, après avoir tant souffert. J'en rirais presque car le rire soigne tout ou presque. La vie est belle.

Je suis ahurie par ce qui m'arrive. Comment le dire ou ne pas le dire ? Pourriez-vous comprendre ce que je ressens ? Oui je pense mais à quoi bon le dire. Je préfère laisser courir ma plume aujourd'hui légère et demain qui sait. Accompagnez-moi, je vous tends le bras, ma main tremble mais elle est sûre d'elle. Toujours en train de glisser, prête à tomber devant vous ou sur un point. Les mots peuvent manquer mais ils viennent un jour. Moi c'est ma bouée et elle me protège tant je suis sensible. Mon cœur bat si fort qu'il éclaterait de bonheur et d'amour, maintenant ou un jour. La vie nous réserve bien des surprises, bonnes pour moi. Et vous ?

Dis-moi, as-tu déjà eu un regard pour moi ou suis-je indifférente à tes yeux ? Une question que je ne devrais pas me poser car ainsi va la vie, la tienne comme la mienne. Les sentiments ne se dévoilent pas qu'on en ait ou pas, pourquoi ? L'attirance se retient même si on a envie de tout lâcher. Les envies se contiennent même si elles sont prêtes à exploser, qui sait ? Qu'il se passe quelque chose ou pas, il est bon de se laisser aller et de glisser en douceur dans les méandres du désir et du plaisir vers l'autoroute du bonheur à cent à l'heure.

Est-ce que tous les jours se ressemblent ? Je ne crois pas. Il y en a qui sont si ensoleillés que la lumière éblouit la terre entière. Ces jours-là, il faut les savourer miette par miette comme on mange une baguette beurrée à la confiture toastée. Ils sont pleins de surprise et qui sait une bise. Un sourire volé dans la foule et un regard par hasard ou en recommandé accusé de réception. Un échange furtif peut-être ou qui traîne en longueur comme les traces d'un avion en vol. Je m'éternise ou je pars en attendant de le voir ? C'est le cœur qui parle. Il ne se trompe pas et qui vivra verra.

Ne me demandez pas aujourd'hui qui je suis. Je ne suis pas en mesure de vous répondre. Cherchez vous-même et posez-vous les bonnes questions de préférence. Si vous en avez envie aussi. Allez à ma découverte. Moi je vous ai suffisamment mis sur la piste. Elle est longue et à deux c'est encore mieux. Je garde le silence de mon for intérieur. Il est profond, riche et sensible, plein de joie et d'amour. J'ai tout débroussaillé et tout est clair comme de l'eau de roche. On peut s'y baigner mais en aucun cas s'y noyer. De belles promenades à venir tout en rires et du sérieux pour nous rendre heureux. Que demander de plus ?

Toc, toc, toc ! C'est juste un bout de chocolat qui croque sous ma langue. Oui, il est bien noir. Il excite mes papilles. J'en redemande autant de fois qu'il disparaît de mon palais et me fait plaisir. Il m'aime, je l'aime et je ne peux m'en passer, avec un bon café ou nature. Et vous ? Ses saveurs vous rappellent l'amour pour un court instant, à partager à deux c'est encore mieux. Oui un rayon de soleil et tout s'éveille.

C'est tout ou rien dans la vie. Il n''y a pas de demi-mesure. Ça commence ou ça ne commence pas. Ça dure ou ça ne dure pas. La vie n'est pas éternelle. Elle dure et s'arrête un jour comme toujours. Que faut-il faire pour que cela démarre ? Mettre un pied devant l'autre, marcher, courir, sauter, danser et caresser l'arbre en fleurs, les branches grandes ouvertes et feuillues, solides et ne plus le quitter, enlacés à jamais. Allez ça arrive quand ça arrive, quand le bonheur frappe à la porte.

Je ne vous dirai rien. Je vous ai dit tant de choses et tant de choses à venir. Mais ces choses-là ne se disent pas là. Que faire ? Attendre que le temps passe et que la digue s'ouvre, que l'eau coule jusqu'à remplir les rivières puis les fleuves et la mer en profitant d'un beau coucher de soleil. Je ne peux pas aller plus loin et vous dire ce que j'ai envie de dire et ce que je ressens au plus profond de moi, voilà.

Que le temps passe vite, les années filent. Les cheveux poussent et tout repousse comme l'air et la chanson, un chignon tout trognon. Trois poils rebelles grisonnants mais charmants. Les oreilles qui sifflent à la moindre alerte comme une cocotte minute en fin de cuisson. Un sourire qui s'étire de Bordeaux à Paris en TGV sans escale. Des rires qui pleuvent sans discontinuer comme un orage de fraises tagada. Les mains qui grattent une guitare et une voix qui slame, ça calme. Un silence et ça repart. Une année qui redémarre comme un gamin qui fait son chemin à qui on tend la main pour aller plus loin. Joyeux anniversaire.

Où sont nos limites ? Au bord du précipice une douce folie, je me lance et me balance un pas en avant, un autre en arrière. Je danse au son du vent qui frise mes oreilles. Elles sifflent et m'éveillent pour aller vers la vie. La ligne à ne pas franchir. Le mot à ne pas dire ou écrire. Le geste à ne pas commettre. Le regard à ne pas jeter. Que doit-on faire ? Agir comme le cœur le désire et se faire plaisir. Donner sans compter. On se sent plus léger et plus aimé. Alors les limites, on se les fixe quitte à ne pas plaire, raisonnables ou pas. Et quand on parle d'amour, l'excès n'est pas de trop. Le bon dosage existe-t-il ? Et les limites sont-elles à la hauteur ? Fixons-les nous-mêmes.

La vie n'est pas une autoroute mais quand on peut mettre un bon coup d'accélérateur, ça fait un bien fou. On balaye tout ce qui ralentit le passage sur le chemin et on se fait plaisir en lâchant la pédale de frein. Ne pas faire attention aux perturbations extérieures. Seul le soleil compte et un paysage de rêve. Ne pas s'embarrasser de contrariétés petites ou grandes. Seul le bruit du moteur doit vrombir. Se laisser aller et ne penser à rien en jouant avec le volant, seul à nous diriger dans la vie mains à l'appui. En avant toute pour une belle leçon de conduite.

Pourquoi l'oublier alors que je ne souffre pas ? Pourquoi ne plus y penser alors que je suis apaisée ? Le temps suivra son chemin et tout s'effacera comme la buée du matin. Pas de chagrin, ni de regrets, tout apparaît et disparaît. Les lumières sont allumées ou éteintes mais la vie continue. Je cours après l'amour mais pas après lui. Quand on aime on est prêt à tout, il faut être deux au bon moment. Si vous saviez...

La vie je la caresse, je la délecte comme un fruit tout en sucre que l'on becte. Rien ne m'atteint, tout m'attend. Tout est subtil, tout est utile et futile. Je m'habille et je brille quand le soleil pétille. Et quand le ciel est voilé je dévoile mon sourire et je tire. Mon doigt me dit « tu as les mains joyeuses. Fais-en bon usage et sois sage. Sinon serre celles qui te rendront heureuse. »

Vous y pouvez quelque chose ? Moi non plus. C'est comme ça. Et alors ? On fait avec. Pas autrement. Vous avez dit ? Et pourquoi pas ? Et puis ça alors. Ça va, ça vient. Et autrement dit ?

Qu'importe, tout est dit. Vous avez dit ? Tout se dit ou presque et que va-t-il se dire ?

Une soirée où les mots traînent et m'entraînent. Je danse malgré moi. Ils se sentent seuls mais je les accompagne avec l'envie qui vient et du chien encore et encore. Je pense et m'élance sur cette ligne et signe sans conviction mon nom. Il y a des jours et des nuits où l'on fuit ses écrits jusqu'au lendemain et en avant toujours vers la vie et l'amour.

Je vous l'avais dit : les couleurs de la vie reviennent. Elles s'étaient endormies un instant et maintenant je vais pouvoir faire une belle peinture. L'inspiration ne me manque pas. Elle est toujours là près de mon cœur qui bat. Mais qui est-elle ? En tous les cas, elle me fait vibrer. Vous n'en saurez pas plus. Cette toile sera le rayon de ma vie et elle changera de pièce chaque jour. Je lui rirai au nez en lui faisant des grimaces et un bisou ne sera pas de trop. Je lui parlerai en lui disant des mots doux tout fous tout choux. Je lui chatouillerai la barbichette, une lichette et les bras abracadabra. Tout ça pour rire et pour dire que je suis vraiment dingue. Parler à un tableau, c'est chaud !

Les mouvements de la vie, ce sont les mouvements du corps qui vont et viennent selon les envies. Ils se réveillent avec les désirs et l'amour naît croissant, lentement et sûrement en attendant que jaillisse un feu d'artifice qui éclate couleur écarlate, les yeux dans les yeux, puissants et incessants en découvrant les sentiments les plus intenses et les plus profonds jusqu'au bout de la vie. De la tendresse à l'ivresse, est-ce une promesse ? Soyons simple et la vie fera le reste.

J'ai rendez vous avec le soleil mais il n'est pas très ponctuel. Ces derniers temps il se fait désirer et comme on dit plus c'est long et meilleur c'est. Je me suis donc fait une beauté. J'ai regardé par la fenêtre. Pas d'éclaircie en vue mais je sens bien que cela va venir. Le ciel se dégage et l'horizon s'ouvre enfin. Le soleil va briller avec un rayon qui me touchera en plein cœur, me réchauffera le corps tout entier avec douceur et amour. Même s'il faiblit parfois, il sera toujours là, une lumière qui vivra en moi. Bon ce n'est pas tout, je vais voir à la météo s'il va faire beau.

M'aimez-vous pour ce que j'écris ou m'aimez-vous pour ce que je suis ? Je ne triche pas avec vous. Je ne triche pas avec la vie. Tout vient du cœur jusqu'à la ligne en vol direct, atterrissage sans escale, aéroport au bout du jardin ou au port au bord du lac. J'ai jeté l'encre et je me sers abondamment en y faisant trempette pour y piocher quelques mots de tendresse. Ils sont prêts à s'envoler comme des oiseaux, je les glisse pour vous sur cette page à la nage. Je sais, j'ai un grain de folie mais je l'assume et je le hume comme je pourrais le faire avec toi. Alors je rêve en t'imaginant prêt de moi. Qui me l'interdit ? Laissons-nous aller et dansons l'amour.

Une journée en clin d'œil, la légèreté d'une robe en couleur à la lueur du jour ensoleillé au goût d'une orange pressée sur une terrasse, les gens qui passent le sourire aux lèvres. L'écriture qui se pose le temps d'un échange haletant, éphémère parfois. Un moment pour rire et pour dire. Un instant pour regarder et se regarder. Tout est permis. Tout explose même les silences, ils se taisent ou pas. Prendre le temps de vivre et de s'apprécier. Tout part d'une seconde, d'une minute, d'un jour, c'est la vie.

Regarde là-haut. Que vois-tu ? Imagine un peu. Laisse aller ton esprit et cours vers l'inconnu. c'est si bon de savoir ou de ne pas savoir. Ça te rassure ? Il ne faut pas avoir peur. Que tu saches ou non, tu y vas un jour. Puis tout le monde y va. Mais où ? Où l'on veut. Et où veux-tu ? Là où l'envie te mène. En avant toute. La route est longue, belle et joyeuse.

Si tu dois aller faire les courses, n'attends pas. Si tu dois boire un café avec la voisine, n'attends pas. Si tu dois aller retirer ta moustache qui fâche chez l'esthéticienne, n'attends pas. Et si tu dois faire le tour du monde, n'attends pas. Moi attendre ? La main est libre et je suis libre comme l'air. J'espère et j'avance main dans la main sans rien demander quand on me la donne.

Ma respiration est présente comme vous. Elle est battante comme un tambour. Elle est apaisante comme l'eau d'un ruisseau. Je me prélasse et je me laisse aller à mes pensées éveillées. Parfois je sursaute, tête de linotte, un coup à gauche, un coup à droite et cédez le passage. Tout est silencieux et précieux. Même les mots ne font pas de bruit. Seule la plume est audible et cible la ligne droite jusqu'au point et la signature, je vous le jure. J'ajoute quelques couleurs et dorures. Quelques ratures pour faire plus vrai. Quelques retouches et je me laisse glisser avec quelques rires pour finir car c'est ce qui compte le plus. Ne pas se prendre au sérieux.

L'autre jour, j'ai fait une salade de couleurs. Je les ai avalées en la mangeant. Elles se sont imprégnées en moi. Elles se sont tapissées sur toutes les parois de mon corps jusqu'à toucher mes organes vitaux et mon cœur fou de joie et de bonheur. Je vois la vie en couleurs. Je vous propose de vous donner la recette de ma salade avec générosité et voyez la vie en rose.

J'ai avalé un grand bol d'air et j'ai croisé le soleil. Il était radieux et brillait comme des étoiles qui scintillent en plein ciel la nuit tombée. je l'ai chatouillé du regard et il m'a souri dare-dare. C'est une vraie lumière. On ne peut la trouver nulle part ailleurs. Ça fait chaud au cœur. Il aime être aimé et apporte tant de chaleur autour de lui qu'il rayonne en jetant des rires jusqu'au coucher.

La nuit est là et je souris ici et là. Quelques notes qui sonnent et que je chantonne. Alors qu'elles raisonnent au-delà de ma voix et se dévoilent, discrètes et imparfaites. Elles jouent avec les mots près du cœur, instrument de valeur. Elles sont sensibles du bout des doigts et je les caresse avec délicatesse pour les accompagner en musique.

Qu'y a-t-il de mieux entre la réalité, les rêves et les fantasmes ? La réalité on est dedans. Les rêves, on les réalise et les fantasmes nous font rêver. La vie est un rêve éveillé qui se réalise quand on ouvre les yeux et qu'on claque des doigts au bon moment et avec les bonnes personnes. Il ne faut pas rater le train en marche. Tant de sourires et de rires à croiser dans un bain d'amour et de bulles légères et sincères. La vie décolle et s'envole toujours plus haut.

Un écran géant où le fil de notre vie passe vite. Qu'avons-nous fait ? Que faisons-nous ? Et que ferons-nous ? Tant de choses à réaliser sans savoir par quoi commencer ou plutôt oui. Mais de quoi avons-nous envie ? Qu'est-ce qui nous attire le plus ? Qui, quoi, comment et où ? C'est une question de choix. Faites le premier pas. Élancez-vous et changez votre vie ou poursuivez-la en avant. Jetez-vous à l'eau mais ne vous noyez pas. Nagez en harmonie et profitez d'un bain de soleil pour vous épanouir dans votre vie avec les gens que vous aimez, que vous aimerez et qui ensoleilleront la vôtre.

Je n' ai pas envie d'écrire ce soir mais ma plume et moi sommes liées pour la vie et cela a un sens pour moi. Je me dois de la suivre pour toujours, elle en fait autant pour moi. L'encre coulera jusqu'à sa dernière goutte et les mots s'épuiseront un jour mais pas tant qu'il y aura de l'amour sur cette terre. Vous comprenez l'union sacrée quand elle existe ? Que de frissons et de fortes sensations. Les envies vont et viennent comme vous.

J'en ai marre. Pourquoi moi ? Ça suffit. Je mérite ça ? Non. Pourquoi ce n'est pas comme on veut ? Parce qu'on n'est pas seul sur terre. Ça va venir ? Je n'en sais rien. Un peu de colère ? Non, de l'amour en moi. Tout devrait aller comme on veut alors ? Pas toujours. Quand cela vient ? Un jour. Si j'en ai envie ? Oui, bien sûr. Alors on verra bien et ainsi va la vie.

J'ai posé mes rires sur la table. Vous m'en donnerez des nouvelles. On pourra en prendre à l'apéro la prochaine fois tous ensemble. Ils tremblent de joie et sont succulents, assaisonnés à vos souhaits et aux miens. Atchoum, pas besoin de mettre la main devant la bouche. J'adore les postillons rigolos qui sortent du lot, dingues quand ils dégainent du flingue, haut les mains ! C'est simple et drôle comme quand on nage le crawl vers la vie qui rit sans soucis. Vous avez dit ? Hi ! Hi ! Hi !

J'ai mangé une tartine de confiture qui faisait la longueur de ma rue. Le beurre dévalait la pente onctueuse et les fruits en dos d'âne sautillaient jusqu'à être goulûment avalés mais avant ils glissaient pour faire plouf, plouf et trempette dans un café léger. Tiède comme l'été, elle fondait dans ma bouche prête aux saveurs gourmandes et croustillantes d'un quatre heures quels que soient l'endroit et la distance. Les petits plaisirs de la vie et je ris aussi.

J'ai tant de choses à apprendre de la vie. De toi, de nous, de vous tous même si nous nous connaissons avec le temps. Savons-nous qui nous sommes et ce que nous cherchons ? Somme-nous faits pour nous aimer tous les uns les autres ? Seuls le temps et le cœur parlent comme la vie qui nous dicte nos gestes, nos mots et nos silences. Elle laisse des traces mais ouvre des portes et nous pouvons y entrer seuls ou accompagnés, heureux ou malheureux mais jusqu'au bout nous y croyons : le bonheur comme l'amour viennent un jour.

L'espoir, c'est comme l'inspiration que l'on respire parfois comme un souffle en bourrasque ou que l'on ressent comme les méandres de la vie dans un corps infini. Mais surtout qui hoquette et sautille de joie à chaque fois qu'il passe à travers une gorgée d'air pur pour finir dans les chaussettes à faire des chatouilles comme des andouilles. Il respire, il s'inspire, il vit, il rit et ainsi va la vie.

Il y a des choses qu'on sait et qu'on ne dit pas. D'autres qu'on a envie de dire et que l'on tait. Certaines qu'on voudrait dire et qu'on ne peut pas dire et d'autres que l'on ne veut pas dire parce qu'on n'est pas prêt pour les dire. Chaque chose en son temps. Le jour où cela vient, qu'il est bon d'ouvrir son cœur.

Une rencontre inattendue sur le retour vers la maison. Passagère et légère, paroles de tout et de rien mais de tout surtout. Comme si nous nous connaissions déjà. On prend un livre, on l'ouvre et on continue l'histoire comme si de rien n'était. Une découverte qui fait chaud au cœur, intense et pertinente jusqu'à ce que le livre se ferme. Les rires aussi et notre sérieux avec. La main levée et nous souriantes à travers la vitre, ça roule. Au revoir madame.

J'ai mis aux enchères mes sourires et mes rires. À votre avis, combien valent-ils ? Un regard, une attention, un détail, une balade au bout du monde. Ce n'est pas le lieu qui compte mais la personne avec qui l'on est. Une main qui traîne et qui m'entraîne.

Un livre est fait pour être ouvert et pour y écrire la vie et nos envies. Il y a eu parfois des pages blanches ou mal écrites mais maintenant elles sont riches d'expériences et s'ouvrent vers l'avenir. Une histoire éclatante en couleurs à partager avec toutes celles et tous ceux que j'aime et que j'aimerai. Les mots sont les liens du cœur ; entre il y a les silences qui les unissent. Regardez-vous avec. La plume, c'est le geste comme les actes de la vie que l'on fait par amour. Quant à l'encre, c'est celle qui coule dans nos veines à la vie à la mort encore et encore. Parfois on se pose le temps d'une pause et d'une respiration. Mais l'envie est plus forte que tout et l'inspiration jaillit à l'infini.

Nous serions étonnés face à cette découverte humaine et sans gêne qui nous entraîne et nous emmène vers toute cette curiosité. Elle est sans fin et avec faim dans un oasis où le désert ne peut plus l'atteindre, où les richesses caressent l'ivresse gorgée de soleil et source d'énergie et de vie. Elle boit jusqu'à plus soif l'amour et ce qui l'entoure. Elle s'ouvre à nous et nous enlace sans retour.

Depuis quelques temps, une galette de meringues plane au dessus de nos têtes. Si vous ne croquez pas dedans, vous ne verrez pas le soleil. Alors mettez-vous sur la pointe des pieds, à califourchon sur un pont ou prenez une échelle et grimpez au ciel. Grattez et dévorez les nuages en sucre blanc croustillants et le soleil rayonnera à nouveau avec des bonbons à flots en guise de sourires et de rires.

Quand est-ce que tu m'invites à boire un verre avec toi ? Par terre, sur un coussin ou au mieux sur une chaise. Je me tiendrai droite avec bonne conduite avec ou sans limite et le tuteur comme régulateur. J'amène les rires et toi le soleil. On fait un mélange et on échange. Pas de pénurie, on va jusqu'au bout de la nuit. La lumière est assurée et les dents brillent. Tu me tiens au courant entre deux silences. Un mot en trajet recommandé, normal ou lent. J'attends le facteur.

Une journée banale ou géniale. Je pousse les nuages d'un coup de balai, c'est plus sage. J'aimerais connaître la suite de mon rêve. Mais entre le rêve et la réalité, il y a un pont. Je ne voudrais pas prendre l'eau et toucher le fond. Je profite de la journée pour faire vibrer mes mots. Je cours après eux et ils savent ce que je veux exprimer et où je vais. Je parle pour ne rien dire, là mais ça a toujours un sens et vous le savez. Soyez attentif et écoutez-moi.

J'ai mon regard qui fusille avec des billes en guimauve ceux qui le fuit de peur ou d'envie mais en vie. Regardez droit dans mes yeux et faites un vœu. Ils ne sont pas bleus mais noisette et croustillent comme ils brillent et ça jette. Si tu passes, trouve-toi une place. Sinon double, ne te trouble pas et roule. Je te soûle ? Rassure-toi c'est une menthe à l'eau, glouglou ça coule. Que du vert espoir, il faut juste y croire. J'ai le sourire aux lèvres et je cours comme un lièvre. C'est top pour la ligne mais le stop est ma limite et je signe. Une balade colorée pour se changer les idées. Faire démarrer les rires, soleil ou pas, ça va et ça tire. Moi je suis là et je danse au rythme de la zique féerique. Les vitesses sont lancées et en cadence, je me balance. On se retrouve au retour, le corps plein d'amour. Les membres qui tremblent de joie prêts à s'effondrer de bonheur dans l'heure.

Ne te voile pas la face, il fait jour, fais face. Que vois-tu dehors ou dedans dans ton fort intérieur ici ou ailleurs ? As-tu envie de connaître la vérité ou tu la connais déjà ici ou là. C'est ton cœur qui parle et pas de blabla. Il n'ira pas là-bas. Il reste là près d'elle. Elle est si belle dedans comme dehors surtout quand elle rit et toi aussi. Tu es le soleil comme un rayon dans une vitrine que l'on devine et imagine. Tous les produits et prix en tête sans calculette. Et sans faire de choix, tu es le bon qu'on prend en main et que l'on caresse pour la vie, ça c'est certain. Je passe en caisse et les voyants s'affichent sans que ça cesse. Je paie en bonbons et que c'est bon. Il me rend la monnaie en couleurs. Je n'ai rien acheté. Je suis chargée d'amour et un message plein de tendresse et de rires.

Elle se lève, s'élève d'un pas sûr et qui dure. Les mains se balancent et se lancent, elle avance. Un pied frôle l'autre, une jambe devant l'autre. En avant vers la mer et le coucher de soleil lui est offert. Une journée qui se couche comme elle s'est levée après une douche. Banale ou géniale ?

Les mots nourrissent le cœur. Encore faut-il avoir faim. Bien que l'appétit vienne en mangeant, tout dépend ce qu'on lui donne comme nourriture. Notre cœur a besoin d'aliments pour vivre, battre, palpiter, aimer tout simplement. Et sans amour il n'y a pas de vie, pas de rires, pas d'envie, de plaisir et de désir. Alors laissons les mots toucher nos cœurs, nous acteurs, pour qu'ils vivent et agissent sans cicatrices.

C'est une dame qui s'est réveillée et qui s'éveille au jour le jour dès que le soleil éclaire son visage qui nage dans le bonheur à la lueur d'un cœur sans peur. À l'ombre elle profite de son ombre pour laisser aller ses pensées insensées ou plutôt dans le sens de sa vie faite d'envies. Elle se découvre des désirs comme des plaisirs prêts à être assouvis. Entre les rêves et la réalité, il n' y a qu'un pas à franchir. Sa plume, fidèle compagne, la suit et l'encre est sans fin. Elle coule comme l'amour qu'elle a en elle. Les mots la nourrissent et celles et ceux qui veulent peuvent les manger avec tendresse. Elle les caresse comme elle le fait du regard pour ceux qu'elle découvre autour d'elle. Elle marche pas à pas et sautille quand elle le peut et le veut. Les sourires et les rires la font avancer et courir. Sa vie est un combat et la force est en elle. Le bonheur et l'amour aussi sont en elle. Tout ce qu'elle touche n'est que couleurs. La liberté pour elle est enfin là et la vie a un goût et une saveur profonde qui reste en bouche pour en découvrir d'autres en toute simplicité. Que la vie est belle et qu'elle dure le plus longtemps possible.

Je me poserai autant de questions que la vie me le permettra. Les réponses viendront entre les mots et les silences tant que je pense. Pourquoi ne pas rester sur une idée et en faire chevaucher d'autres ? Mon idée est la vôtre. Partageons-la et d'autres jailliront comme un feu d'artifice. Les couleurs illuminent nos idées et nous font avancer à la vitesse d'un éclair. Je les vois passer, elles nous appartiennent à tous. Laissons-les s'exprimer, elles en crèvent d'envie. Alors une question encore : à quand des idées qui vivent et qui bougent à vie ? C'est une question de temps, aujourd'hui, demain et tout le temps.

Le calme plat, pas de cotes, pas une vague qui bouge et pourtant tout vit. Seul le sol frémit et tremble pour nous prédire un avenir joyeux. Aujourd'hui peut-être, demain tant mieux. J'écoute les silences, ils me parlent et je pense. Quoi qu'ils disent j'avance et je danse. La musique m'enrobe et je me pare d'une belle robe. Je vous parle et les mots sont des cadeaux. Alors je continue ma route pour de belles rencontres, ceux qui m'aiment me suivent. Ils vivent en moi une part de bonheur. Mon cœur est grand et sans tracas. Un matin tout tranquille, voilà.

On dit que les hommes proposent et les femmes disposent mais parfois c'est le contraire et ils ne vous proposent rien. C'est comme une chanson, vous l'écrivez. Elle a une histoire et une fin ou sans fin ou elle ne commence jamais. Il faut la musique et les paroles. En tous les cas il faut être deux et parfois cela prend du temps pour l'écrire. Faut-il attendre pour commencer à l'écrire ? La plume et le cœur tracent déjà la ligne et qu'importe la ponctuation. Que le voyage dure et la chanson soit belle. Elle a ses raisons, le cœur aussi. Je le laisse parler comme il lui plaît. À quoi bon de se taire. La vie est faite pour plaire. Aimer nourrit notre corps encore et encore.

Dire ce qu'on pense est un choix. Se taire en est un autre mais on pense tous quelque chose. Il faut juste respecter le choix de chacun. Un temps pour tout. Le vent pousse les silences et les mots pour écouter le cœur s'il bat toujours avec ardeur. Il sait où aller et vers qui aller un jour où l'autre. Il ne se perdra pas. Il est pleins de joie. Le bonheur lui appartient. Ainsi va la vie.

Imaginez qu'il pleuve des gouttelettes d'eau en couleurs. Votre corps vaudrait de l'or, joyeux et heureux. Fermez les yeux. Il danse, chante et grimpe là-haut où tout est beau. Une balade imaginaire où les rêves sont sur scène, sans gêne et sans peine. Qu'importe où ils nous mènent du moment qu'on les aime. L'important c'est l'instant présent. La réalité fait partie de la vie et elle est en couleurs aussi. Continuons à rêver ainsi.

La méfiance vaut-elle bien des silences comme l'amour ou l'indifférence, au choix ? Mais la confiance est une histoire qui commence où le regard touche le cœur qui s'enflamme sans drame et en douceur. Elle se prolonge jusqu'au bonheur de ceux qui s'aiment. On la donne comme l'amour dans les deux sens pour toujours. Des questions ? À vous de voir. Des ressentis ? Ça c'est certain.

Imagine ce que tu penses ou devines, ce que tu imagines. Aller toujours plus loin dans les pensées et penser toujours plus loin comme un train dans un long voyage avec ou sans escale qui découvre les paysages sur son passage. Il est à la découverte du monde près de chez toi. En soi on imagine toutes les richesses qui nous illuminent. Éclairer les autres est une idée divine. Partager cette lumière qui court partout en allumant sourires et rires. La folie nous guette mais elle est sublime et rien ne l'arrête. Partons à la conquête du monde invisible où tout est possible. Un grain de folie.

Son corps et ses formes. Elles prennent forme là où le regard part et s'égare. À la découverte des collines qui se devinent et se dessinent à l'ombre et un jour à la lumière de ses yeux, un simple lien. Elle les aime enfin et qui sait demain lui aussi. Les paysages lunaires sont austères. Voyageons au gré des vallées enchantées.

Ce matin je cherche mes mots. Mais ils jouent à cache-cache comme si ça m'amusait de courir après eux, c'est trop. De fil en aiguille je tire la corde et ils montent sans se tordre. Je leur demande ce qu'ils veulent même s'ils font un peu la gueule. Ils me tendent la main pour le câlin du matin. Alors le temps d'un réveil en douceur plein de chaleur, ils se remettront en une belle marche pour le plaisir de chacun. Moi j'ai toujours le sourire, ça c'est certain.

Je ne veux pas aller vers un sol sec, aride et désertique. Je veux une végétation abondante, ensoleillée et souriante. Qui danse quand le vent souffle et qui rit quand la pluie tombe. Mais le soleil est roi et la fait vibrer de surcroît. Tout est prétexte aux rires et aux délires. Alors en avant vers la route où les rayons du soleil vous touchent et vous croisent en vous signalant la bonne voie.

Une pause et prends la pose. Les pensées volent, tu disposes en vol. Atterris quand tu le dis et ris quand tu en as envie. La vie t'éclate et tu es rouge écarlate. Tu retrouves les couleurs du bonheur. Et ça se voit. Tu es prêt à te déshabiller et donner ton caleçon à l'Abbé Pierre pour de bon. Sois-en fier. De toutes les façons on n'y verrait que du feu. Ça ne brûle pas les yeux. Mais de quoi ? Allez c'est reparti. Pourquoi au juste ? Fin de pause, la vie continue.

C'est pour qui ? Tu as dit ? Tu sais avec qui ? Mettras-tu tes beaux habits ou resteras-tu tel que tu es, inédit. Sinon qui sait, chez toi au chaud, devant un apéro en solo. Alors quoi de neuf ? La suite en silence, un cache-cache sans fin ou les mots qui se lâchent pour prendre un bol d'air et passer la soirée à deux. Le choix on l'a. Il suffit d'avoir l'envie et de le vouloir. À un de ces soirs.

Une journée qui s'annonce sans une ronce, mes pieds qui glissent tout doux, fous, chercher des fleurs qui sonnent les mots du cœur ou les silences en couleurs. Elles sont si belles quand elles sont sauvages. Mais quand on nous les offre elles nous font rougir de plaisir. Je ne me souviens pas de ce cadeau-là mais j'irai les voir dans les champs et jardins, là-bas. Elles seront là. Je les caresserai du regard. Ma vie sera colorée et toujours pleine d'espoir. Une fleur près du cœur.

La vie n'est pas un hasard. Rien ne se fait par hasard. La vie est tracée et les rencontres qu'on y fait sont ainsi faites. Le chemin parcouru, bon ou mauvais. Mais moi aujourd'hui je sais qu'il est bon pour moi. Où je vais, où j'irai, comment j'irai et avec qui j'irai, j'apprends toujours encore et encore. Après le temps fait le reste. Mais sans amour et sans combat nous ne sommes rien. Envie, plaisir et désir. Convictions, évidences et ressentis. C'est ma vie !

Vous êtes trop gourmand. Faut-il que vous fassiez un régime ? Un peu de gym ou quelques mots en trop un peu trop beaux. L'appétit vient en mangeant. Mais il suffit d'un peu de silence et plus de couverts. Quelques miettes dans l'assiette et qui sait des larmes qui remplissent un verre amer. Et le vide s'installe un peu trop lourd. Alors que voulez-vous ? Des mots, de l'amour ou rien du tout. Qui sait encore.

Il est bon de se taire. Mais tout se sait un jour. Seul le cœur sait quand il faut parler. Il nous guide dans nos faits et gestes et sait trouver les mots. Quand il y en a trop, il laisse place aux silences qui valent bien des mots. Et les regards parlent d'eux-mêmes. Comme des sourires qui se croisent timidement pour rire en avant et se comprendre tendrement. Les rêves c'est la vie.

Le noir se jette sur le trottoir, pas un passant. La voiture déboule et court sur la route blanche. Ça roule et ça penche. Ça dérape, ça zigzague et ça tape, lumières éteintes, ça tinte. Soleil en plein capot. Une course poursuite imaginaire. Oui j'exagère mais c'est un délire qui me fait sourire. je franchis la ligne, le drapeau levé et je signe.

Une oreille à l'écoute. Je goûte au silence avec des bulles d'air dans tous les sens. Elles éclatent et pas un bruit qui tape. Mais enfin un son, une note, un air, une mélodie, une voix, tout repart. La vie qui chante et qu'on entend après une pause. On claque des mains, des pieds et ça balance jusqu'à toucher le ciel et ça danse. Alors la vie, mangeons-la par tous les bouts et buvons un coup, tchin ! Tchin !

Je vogue et je dialogue avec mes mains sans chagrin, les pieds éveillés et malins. Des chatouilles qui grattouillent comme des nouilles qui grouillent. La voix qui se réveille et se lève en éveil et les lèvres « cui-cui » qui chantent sans qu'on les hante jusqu'à la nuit. Les bras leviers d'une tête en fête et des jambes qui batifolent comme des folles vers je ne sais où. Pour dire n'importe quoi mais pourquoi pas !

Une fillette la main tendue, toute menue. Un câlin tant espéré à terre par cette mère austère. Mais aujourd'hui debout par ce vent fou de joie qui oublie les silences au goût amer. Les barrières s'ouvrent après tant de misères et la petite a grandi, ri, son corps s'est embelli d'amour et de vie. Sa tête fête au jour le jour le bonheur à toute heure. Les mains caressent de près ou de loin toutes celles et tous ceux qui passent son chemin. Et elle rend heureuse ceux qui jettent des yeux joyeux sur elle. Sans fin et avec faim comme la vie.

Pourquoi penser à demain alors qu'aujourd'hui commence juste ? Ça rassure, ça c'est sûr. Aller toujours plus loin quand on peut aller plus près. Près de chacun et loin dans les idées. Courir après la vie alors qu'elle est à nos pieds. Et à nos pieds la sève monte et éclaire notre vie. Mais avec qui ? Ne vous posez pas cette question. Ce sont eux qui viennent à nous et parfois l'inverse. En tous les cas pas de tracas même s'il y en a quelquefois. Le temps se savoure comme des gouttelettes qui glissent sur une peau lisse et un jour simple comme aujourd'hui même. On l'aime.

La découverte des uns et des autres. Les portes sont ouvertes. Petit à petit, pas à pas et de rigolades en rigolades avec quelques cascades, chacun apprend à se connaître en ouvrant les tiroirs, les armoires tout doucement. Après un rangement parfois on fait du dépliage et de l'essayage avec un défilé final. Les souvenirs s'effacent ou refont surface mais ne font plus mal. On finit par garder les meilleurs près du cœur. De toutes les façons on se tourne toujours vers l'avenir un jour. Mais le partage c'est notre héritage et il nous permet d'avancer. Demain est un autre jour et quel jour !

N'oubliez pas vos envies. Elles ne doivent pas faire que survivre. Elles sont belles et bien en vie. Elles revendiquent et sont authentiques. Faites-les jaillir comme le volcan prêt à éclater de rire et verser des larmes de désir et de plaisir. Oui je sais, je me répète et je jette mon encre encore et encore. C'est sans fin comme tout naît et croît comme je crois en elles. Elles sont en nous. Elles nous habillent, brillent et pétillent. Qu'elles nous envahissent de bonheur et soyons heureux.

La vie commence là où on veut bien qu'elle commence. Elle avance tantôt les vitres ouvertes tantôt les vitres baissées mais on respire toujours un air frais dans un corps sain, ça c'est certain. On voyage près de chez soi et loin dans ses pensées. Mais qu'importe, rêver mène parfois à la réalité. On peut aller loin souvent, il suffit d'y croire. Aujourd'hui je pense à vous et c'est tout, le temps d'un instant. Un sourire qui en entraîne d'autres et le soleil que je savoure pour un jour.

Je rêve, oui je suis bien réelle. Et vous, rêvez-vous, l'êtes-vous aussi ? Que feriez-vous si vous rêviez et feriez-vous aussi des rêves qui deviendraient réalité ou les deux à la fois ? Rêver c'est la réalité et la réalité c'est rêver. Rêvez, tout devient réel si vous le voulez. Imaginez un rêve. Touchez-le du bout des doigts. Il se voit et se noie de joie en vous pour grandir et vivre sa vie pour de vrai qui sait. Oups, je rêve mais que de rêves !

Je suis apaisée. Je prends ce que l'on me donne et je donne ce qui jaillit en moi à qui bon me semble et comme cela résonne en moi comme en chacun. À prendre ou à laisser. C'est de bon cœur, avec gourmandise et avec franchise. On ne me changera pas mais moi j'avancerai avec l'expérience de la vie. Qui m'aime me suive. Et qui a envie de me découvrir ouvre ses yeux pour commencer et un jour tendre la main, une oreille attentive. J'en ferai autant. Chaque chose en son temps. Et chacun fait ce qui lui plaît selon ses ressentis. Ainsi va la vie.

L'humour court aussi vite que l'amour. Il se mange à toutes les sauces, piquantes parfois, douces en début de repas et il glisse sous la langue pour la faire vibrer de rires. Il arrive d'un carrefour à l'autre et ne tient pas compte de la signalisation comme de la limitation de vitesse. Il mange tout cru le premier venu qu'on l'aime ou pas mais avec respect. Il faut avoir de la voix, du souffle et du coffre. Et quand on l'ouvre la magie opère, tout nous est offert. Il vaut mieux avoir de l'humour et avec un bon délire on respire toujours plus de rires.

Une balade sur cette côte, côte à côte juste là. L'océan enivrant, les vagues blaguent et éclatent de rire sur la plage de perles sans un nuage dans le ciel qui se mêle au passage des hirondelles, que sais-je ou des mouettes qui applaudissent ou rouspètent. Nous respirons les embruns marins si purs et si sains. Le soleil éclaire nos pas qui chassent le sable couleur or à chaque foulée dehors. Le vent caresse nos visages rayonnant d'une lumière pleine de vie. Une marche tranquille qui sourit et qui rit en sautillant aussi à petits pas où bon la mène sans gêne. Un grand bol d' air pour un instant de plaisir avec la mer.

Êtes-vous sensible ou hypersensible ? Ne vous voilez pas la face. La sensibilité n'est pas une faiblesse mais la richesse du corps, du cœur et de l'âme. Oui parfois elle fait mal. Elle pique en plein cœur, on se protège pour ne plus souffrir. Mais c'est plus un atout qu'un handicap. Il faut savoir la gérer et surtout l'aimer. C'est elle qui nous guide vers nos envies, nos désirs et nos plaisirs comme l'amour aussi. Vous ne pouvez pas la doser. Elle fait partie de vous. Vous l'aimerez comme elle vous aimera et comme on vous aimera aussi. Ne mettez pas de protections et laissez-la respirer, chanter, écrire, faire de la musique. Oui, c'est une artiste de la vie. Elle vous le rendra bien un jour ou l'autre. Alors sensible ou hypersensible ? Sensible, ça c'est certain.

Vous courez après qui, vous ? Moi après tout et n'importe quoi. Je n'ai pas dit n'importe qui. N'importe quoi ne veut pas dire tout ce qui bouge. C'est fou comme ça fait du bien de courir après rien parfois. Rien, c'est tout à la fois. Allons-y tous ensemble et jetons-nous dans le n'importe quoi qui représente tout à la fois et tout c'est la vie. C'est vous et moi et beaucoup à la fois. Assez pour s'aimer de trop. Alors courons où nous voulons et après qui nous voulons !

Nos visages se dévisagent et s'envisagent. Un face à face à l'étage ou sur un nuage. Ils nagent dans un partage de bonheur à la lueur d'une journée qui trace pas à pas un moment de chaleur. Ils s'ouvrent de joie et courent après je ne sais quoi, juste d'être là. Visages ouverts, visages lumières.

On me dit que l'on peut tout chercher dans la vie. Non, il y a une chose que l'on ne peut pas chercher : c'est l'amour. Il vient à vous. Il doit courir après vous. Et pas vous après lui. Mais le cœur a le droit de tout dire. Un jour il fait une pause. C'est la vie. Laissez-le dire car il a ses raisons que la raison n'a pas. L'amour s'exprime et le temps passe. Tant que ça ne fait pas mal. Les mots, toujours les mots, nourrissent le cœur. Alors continuons ainsi avant qu'un cœur ne nous trouve et nous nourrisse d'amour. Ainsi va la vie.

Convictions, évidences et ressentis. À lire et à relire. Tout ce qui est intense et profond dans l'existence. Laissez-vous porter par les mots au galop, pas de trop. Juste ce qu'il faut pour vous nourrir et vous donnez soif jusqu'au prochain recueil. Goûtez à la liberté des textes et tous les prétextes seront permis sans soucis avec poésie et quelques interrogations comme suggestions. Partez à l'aventure et soyez sûr d'un plaisir qui dure.

De quoi ou de qui avez-vous envie aujourd'hui ? Qu'importe le moment, l'envie est là. Gardez-la, ouvrez la porte et elle respirera la liberté. Elle n'ira pas bien loin. Elle vous enlacera et vous serrera dans ses bras. Elle est douce et fidèle mais pas cruelle. Elle vient vers vous et vous l'aimez. Elle tient à vous et vous l'adorez. Alors que l'envie continue à vous combler de bonheur.

Qu'il est bon de respirer profondément. Juste penser coloré et fruité. Tout se dégage en liesse et allégresse sans aucun souci comme une fleur qui s'ouvre et s'épanouit. Les images clignent des yeux et s'envolent en souriant. Pourquoi les retenir, elles savent où aller. On ne court pas après elles. La nuit est là et les rideaux se tirent. Demain est un autre jour. Beau et ensoleillé avec de belles pensées.

Le jour se lève et court sous la lumière, que faire ? Avez-vous une pensée pour moi ? Il est bon de se réchauffer en laissant le soleil nous caresser des yeux dès qu'il apparaîtra. Ses rayons sont comme des mains qui nous cajolent dès le matin et nous tiennent chaud sans un mot. Il nous sourit jusqu'à la nuit. On l'oublie parfois, c'est la vie. Reviendra-t-il ? Qui sait. Serai-je là, tout dépend du temps et qui vivra verra.

Savez-vous qui je suis ? Est-ce que je sais qui vous êtes ? Voulez-vous savoir qui je suis ? Je veux bien savoir qui vous êtes. Je vous ai mis sur la piste. Prêt à décoller ? Vers où ? À l'aventure ou pas ? Que cela dure ou pas. Mais ici c'est bien. Sait-on où l'on va ? Parfois oui, parfois non.

Aujourd'hui oui, c'est certain et demain il vaut mieux, tout dépend pour quoi. C'est curieux, il me semble vous voir par la fenêtre. Alors faisons un tour ensemble. Qui êtes-vous donc ?

Comment peut-on écarter la souffrance de son existence avec une force féroce ? Parce qu'elle nous a endormi, abruti, isolé jusqu'à ce que cette force en vous, cette étoile, début de la croyance en soi et en la vie, vous tire vers le haut en laissant tout le mal derrière vous sur son passage pour nager vers le bonheur. Une mémoire à ne pas y croire. Un trésor dans un coffre-fort jamais ouvert et tout ce qui nous est offert à ciel ouvert. Tout pas à pas en sautillant de joie sans peur en avant et en offrant le bonheur et l'amour au jour le jour à celles et ceux qui n'ont pas de frayeurs et qui aiment la vie. Aimons-nous tels que nous sommes.

Dans la vie ce n'est pas vous qui décidez de tomber amoureux d'elle ou de lui. C'est votre cœur et il sait parler. Vous ne pouvez pas aller à son encontre au risque de souffrir. Si vous choisissez un autre chemin vous passez peut-être à côté d'une voie pleine de joie. Il faut laisser parler son cœur. Lui seul sait ce qui est bon pour vous. Il sera plus léger et toujours plein d'amour. En attendant profitons du soleil. Il réchauffera nos cœurs tant qu'il est là.

Qu'il est bon de penser à soi dans la joie. Tout est prétexte à flâner, s'envoler et planer sans savoir où, pour aller plus ou moins loin et revenir, ça c'est certain. Un goût de simplicité. Si tout était simple dans la vie. Mais rien est impossible. On fait ce que l'on veut comme on peut. Petites ou grandes choses, avec des idées plein la tête. Le tout est d'avancer. Alors même si j'ai une pensée maintenant pour vous, je pense à moi aussi.

Ne soyez pas trop sûr de vous. Juste ce qu'il faut. Cela vaut pour vous comme pour moi. Mais de quoi ? Les extrêmes, attention où elles nous mènent, quand bien même. Les sensations sont fortes mais trop c'est trop ou trop peu. La vie n'est pas un jeu. En êtes-vous sûr ? Rien n'empêche de s'amuser ici et là. Mais à quels jeux ? Vous avez toute la vie pour voir. Moi c'est tout vu. Toujours aussi sûr ?

Je regarde ma montre et elle me dit que c'est l'heure. L'heure de quoi ? De prendre mon café ? Oui, d'écrire ? Oui, mais encore ? De faire ce que l'on veut et ce que l'on peut. Oui, mais la montre tourne. Et alors ? On a le temps. On prend le temps. Vous êtes sûr ? Elle tourne tous les jours à chaque seconde. Alors si l'heure tourne ce sera tous les jours les mêmes heures ? Oui, mais les années passent et tracent. La terre tourne et on aura changé en mieux, il vaut mieux, en gardant la même montre. Qui sait ? Un simple regard sur ma montre où tout avance en silence à cette heure-ci.

Bougez vos lèvres mais ne dites pas un mot. Je ne saurai jamais ce que vous pensez ou ressentez car c'est votre cœur qui parle et je n'en ai pas la clé. Qui sait s'il n'a rien à dire. Il vaut mieux que j'écrive. Ce qui est dit est dit. Moi je suis liée à mes mots pour vous tous et pour moi. Ils enrichissent vos cœurs de bonheur même de loin, ça c'est certain. Alors mon cœur continuera à vibrer en toute liberté pour les plaisirs de la vie chaque jour qui passe.

Qui a dit que nous n'étions pas amoureux ? De la vie, de nos envies, de nos grimaces avec audace et de nos rires. Que dire ? Ah mince, la Saint-Valentin ! Je ne suis pas une sainte ! Ce n'est pas tous les jours ? Trop de jours dans l'année et l'amour qui court. Ah bon ? Alors trop court mais de l'amour toujours.

Je ne sais pas si la sexualité est une poésie mais elle peut être un vrai poème que l'on sème et que l'on aime. Comme une chanson ouverte aux rires et délires qui veulent bien s'offrir. Tout se donne avec plaisir et imagination en se laissant glisser dans les désirs et la sensualité. La langue parle et nous caresse avec ivresse.

Un sourire, des rires, les tiens pas ceux d'un autre. Aujourd'hui et demain. Les tiens comme les miens. Une salade de malade qui pique avec des bulles et qui gargouille et nous chatouille. Un dijo c'est plus rigolo. On rebondit encore plus haut. Enfin qui sait. Pour un plat festif à vif dans le délire au pif mais avec tendresse et ivresse. Les jambes délirent en plein air. Les mains s'affolent comme les bras qui rigolent et tout rentre dans l'ordre après quelques pas et des fraises Tagada.

C'est la journée du rire. Tout tire et s'étire de bas en haut et tout dépend quoi. Le sourire bien sûr ! Mais moi je sais quoi en faire et je n'irai pas en enfer. Juste mes bras pour faire un bras de fer. La main bien en main, hein ? Ça suffit, je délire, oiseaux qui piquent du bec et moi j'ai le bec un peu trop ouvert, ça sert. Ausculte-moi que je te morde le doigt et sans ton doigt que faire ? Allez je vais faire coin-coin, les ailes qui bêlent et moi qui finit par coasser. Je déraille mais je le savais déjà et encore tu ne m'entends pas. Bonne sieste, bye.

Je me rends compte qu'au jour voire au mois les bêtises, les sottises, j'en débite sans limite. À tel point que si c'était mon compte en banque, je serais ruinée. Mais comme j'ai des rires, je suis milliardaire sévère. Je n'arrive même plus à les gérer. Chacune d'entre elles me nourrissent. Je fais même un petit rot après pour mieux recommencer. J'ai une bonne digestion. Elles courent partout et ne connaissent pas la galanterie ni la crise. Je fonce vers tout ce qui brille. Même une bougie qui éclaire un sourire. Je frise l'outrance et le ridicule mais je sais me tenir droite comme un bâton que l'on manie tout bon à force de doigté. Je continue et je persiste avec mes bêtises, mes sottises et des rires digestes pour ma pomme. Miam ! Miam !

Puisque tu ne veux pas m'offrir de fleurs pour la Saint-Valentin, normal ! Fais-le pour mon enterrement. On ne sait jamais quand cela peut arriver et je suis prévoyante. C'est une qualité ! Attention, je pourrais ressusciter après. Ce n'est pas très romantique mais je ne bougerai pas, très obéissante pour une fois. Je serai maquillée avec une belle robe pas trop longue avec vue glissante sur le coquillage. Pas un mot et du repos mais qui sait avec le sourire. Un peu fraîche pour les caresses. Pour la bise il faudra défaire les dents pour un patin, qui sait et selon ton envie. Enfin aucun risque pour que je te saute dessus à moins que le bon Dieu m'en donne la bénédiction. Nous serons en liaisons virtuelles, Amen.

La journée du rire, c'est toute l'année. Je démarre, ça fume, le moteur ronronne, je tousse, je passe les vitesses avec ou sans souplesse. Je me détends et j'allonge le siège passager, je les installe pour un voyage pas sage. Les essuies-glaces balayent les sales gueules. Et après quelques échauffements, les vitres ouvertes, la voix porte sans haut-parleur mais en douceur. C'est parti pour une partie de ping-pong. C'est bon pour la ligne et sinon je m'éclate comme des pop-corn. Alors bonnes journées à venir et c'est peu dire. Il faut bien rire !

Je me réveille comme tous les matins et je cherche mon inspiration à quatre pattes. J'ai fait le tour de l'appart. J'ai reniflé le parterre, à quoi ça sert ? J'ai cru sentir le café couler. Mais c'est moi qui nageais sur le sol en faisant des rebonds et en cherchant mes mots alors que j'ai des maux très chauds. Ce sont donc quelques phrases qui rasent les murs et bien mûres que je pêche et que je vous livre toutes fraîches, bonnes à déguster avec une tartine ou nature. Couvrez-vous, il fait froid. Moi, j'ai de la température. Autant me déshabiller et aérer mes pensées. Où est l'inspiration ?

Ça y est, mon inspiration est revenue. Une lumière, une ampoule, un réverbère. Eh oui, les fêtes de bonnes occases arrivent. Tout se vend ou presque. On peut mettre l'éclairage. je suis une vraie lumière, j'éclaire tout le quartier. La terre entière, c'est prétentieux. Si vous souriez, c'est que je vous fais de l'effet, un sourire, un rire qui sait. Bon, maintenant il ne faut pas que ça grille car parler pour ne rien dire c'est du délire. Comme une tartine de pain brûlé, vous en mangeriez avec les dents noires ? Ça peut plaire ! Essayez et vous me direz. Moi, déjà j'ai du mal avec les dents blanches. Je vais changer de dentifrice. S'il vous plaît, trouvez autre chose. Mon café m'attend et c'est du sérieux.

Vous avez faim ? Ce n'est pas l'heure de manger. On ne grignote pas entre les repas. Je vous le servirai un peu plus tard, qui sait. Vous allez devenir obèse. Et après il faudra faire un régime. Peut-être vous mettre même sous perfusion. Un bon plat se mérite si vous le dites. Vous êtes gourmand ? Il n'y a pas de carte. Tout dépend de l'inspiration du chef. Prenez ce que je vous sers et bon appétit en temps et en heure.

Et si je n'avais plus rien à te dire aujourd'hui ? Je te prête ma plume. J'échange mes mots contre tes silences. Elle saura te guider et qui sait te faire dire des choses simples ou insensées. Elle dit toujours vrai. Elle rigole souvent, exagère parfois et délire aussi. Elle a de l'humour et de l'amour. Mais avec toi qui sait ce qu'elle est capable de faire et quelle ligne elle peut tracer. Elle est précieuse et je te la confie au cas où tu t'en servirais même pour un mot. Sinon tant pis. L'encre est inépuisable et coule sans fin. Juste une goutte suffira. J'aurai essayé et je la reprendrai car elle m'appartient. C'est ma vie. Une partie de mon cœur. L'autre libre pour le bonheur.

Toujours la plume à la main. La ligne qui trace son chemin. Prête à décoller pour un voyage enchanté. Quelques mots piochés dans un sac magique et coloré. Je souffle et tout vole pour atterrir dans quelques instants et vous faire rêver. Pas de soleil mais les yeux émerveillés. Je suis une enfant qui rêve mais les pieds sur terre. Alors une danse ça ne se refuse pas avec ou sans cavalier. En tous les cas je garde mon grain de folie au chaud prêt à éclater quand bon lui semble. Chantons, c'est la fête de la musique toute l'année et voyageons, c'est si bon.

Je ne veux pas vous décevoir, je ne suis pas ordinaire ou extraordinaire, pas comme vous, plutôt comme moi. Cela peut faire fuir comme cela attire. Mais ça attire plus que ça ne fait fuir. Qui sait les curieux ? Je me laisse vivre avec mes pensées, le cœur et le corps libres, toujours en mouvement sauf parfois dans le silence et son excellence. J'ai besoin de temps. Et les pas prennent le pas. Qui prendrait le temps pour moi ? Je suis ce que je suis comme aucune autre avec mes talents, mes faiblesses et mes blessures, c'est sûr. Aimez-moi et je vous aimerai. Mais le temps est à l'écriture et que cela dure. L'amour viendra un jour, même si… Alors prenons le temps de vivre et d'aimer.

À quoi sert d'écrire ? Assouvir ses envies, ses plaisirs et ses désirs. Aller au plus profond de soi dans nos méandres où les cendres laissent place à un feu d'artifice qui éclatera en beauté un jour. Et pas à pas, les mots soignent les maux et nourrissent le cœur comme le cerveau jusqu'à effacer les peines passées pour avancer avec légèreté et sincérité. Jour après jour, la vie prend un sens et en écrivant l'existence est souriante, riante et attachante. Sans l'écriture, sans ma plume, je ne suis plus rien comme l'amour pourrait l'être et sans vous aussi. Elles me soutiennent la main et le cœur. Elles sont poignantes et délicates à la fois. J'y tiens et je dirais même que je les aime. Ne soyez pas jaloux. Vous avez bien quelqu'un que vous aimez. Alors faites-lui une déclaration.

Pourquoi dans la vie accélérer, aller trop vite ? Par manque d' envies passées qui frappent à la porte grande ouverte et se bousculent d'envies, aujourd'hui. L'excès de vitesse est sanctionné. Prendre le temps mène au bonheur et à l'amour quels que soient la route et le jour. Ce sont la destination et le destinataire qui comptent. Pas besoin d'adresse, les yeux fermés le cœur connaît le trajet le moment venu. Alors patience, on vit ses ressentis comme on vit sa vie.

Prendre soin de soi, c'est comme s'aimer. Cela prend un peu de temps. Il faut rester naturel et être belle pour plaire sans se taire. Se plaire et plaire à celui qu'on aime, moi j'aime. Avoir de l'élégance sans extravagance. Être souriante et riante, les yeux bien dessinés en toute finesse et le regard qui pétille avec légèreté dans les traits. Un rouge à lèvres qui marque l'heureux élu, tu l'as vu ? Et petit à petit un corps que l'on cajole tout en douceur pour qu'il soit soyeux et joyeux et donne envie à vie. Qu'enfin on puisse l'habiller de ces jolis habits, comme ils nous plaisent en toute simplicité avec le temps en chantant. Tout ça pour dire qu'on prend soin de soi et que l'on aime bien prendre soin de nous.

Le présent et l'avenir sont des ressources inépuisables. Même si le passé a endormi une partie de nous. Nous nous rechargeons comme les piles. Nous avons une énergie renouvelable sans fin et jusqu'à la fin. Ce qui est passé est passé et on tourne la page pour en écrire une autre voire plusieurs jusqu'à la fin du ou des livres de notre vie. Tout nous sert sur cette terre. Notre expérience, qu'elle soit bonne ou mauvaise. Elle nous fait avancer mais elle ne doit pas ou plus nous faire souffrir. Nous sommes là pour aimer, nous aimer et construire une vie dans le bonheur et l'amour inépuisable au jour le jour, pas à pas au moment venu avec des rires et délires. Et même si la vie n'est pas un jeu, jouons tout de même car j'aime les fous rires. C'est une thérapie qui ne coûte pas cher. Ne nous prenons pas au sérieux et prenons la vie comme elle vient. Les cicatrices finissent par ne plus se voir et ne plus faire mal. Il suffit de le vouloir et le pouvoir avec le temps. Rien n'est impossible et surtout l'amour guérit tout.

On vit au jour le jour. Quelques douceurs sucrées et rêves enchantés ne font pas de mal. Alors j'ai bien les pieds sur terre et chaque jour suffit à sa peine. Un jour je serai reine. Pour l'instant je suis comme vous et moi. Plutôt comme moi et j'avance avec mes envies qui ne sont pas que des rêves. À savoir lesquelles ? Donc laissez-moi dire comme cela me fait plaisir. Peut-être que je délire ou que j'exagère. Qui sait ? Mais je pense ce que je veux et vous aussi. Ainsi va la vie.

De l'eau a coulé sous les ponts depuis que nous nous sommes rencontrés. La vie s'est éclaircie. Le soleil a balayé les nuages, même si… Il fait plus chaud. Je peux commencer à quitter ma veste. Je me dévoile à la lumière d'un rayon qui passe si bon. Je souris comme je ris. Tu en fais autant pour ceux que tu aimes comme à la terre entière. Généreux, tu l'es et sensible c'est visible, tes silences le disent. Alors qui sait où chacun ira ? Le temps change. Le printemps approche et les arbres fleurissent. Ne parlons pas de l'été. La veste et après qui sait.

Pour moi, faire une concession c'est faire quelque chose que je n'ai pas forcément choisi ou envie de faire au départ. Mais que je fais pour une personne que j'aime, par amitié ou amour. Quoi qu'il en soit, je le fais par envie car l'envie de l'autre prime plus que tout. Faire plaisir à celles ou ceux qu'on aime est tout aussi important que de se faire plaisir. Les concessions sont partagées et à double sens même si on ne les compte pas. Dans toute relation, rien ne doit être calculé. On est là pour offrir et donner. Alors concessions oui, mais pas à n'importe qui et n'importe comment. Pas besoin de trop réfléchir les ressentis.

C'est quoi la fidélité ? C'est être fidèle envers soi-même, envers ses idées et la vie qui est si précieuse et qui rit ou qui pleure. Mais aussi envers ses amis que l'on croit si nombreux mais que l'on compte sur les doigts d'une main solide et fragile quand on en a besoin. Ils sont là quoi qu'il en soit dans la joie comme dans la peine. Envers sa famille qu'on ne choisit pas. Mais si on l'aime, elle sème des champs de fleurs avec bonheur et nous sommes unis pour la vie. Quant à l'amour, les liens sont sacrés et rien ne peut les rompre. À part la frivolité du corps et de l'esprit qui sont à bannir. L'amour a faim et soif et la fidélité ne s'essouffle pas. Seules les âmes s'égarent par manque de tendresse et d'affection, pas de dialogue et trop de lassitude. Donnons-leur à manger et vous saurez ce qu'est la fidélité.

Une sensation de bien-être où tout est léger. Où l'on s'envole et l'on respire à pleins poumons l'air qui a un air de « je t'aime » comme la vie. Je touche du regard le soleil qui éclaire une partie de moi et réchauffe mon cœur sans le vouloir comme il le fait pour la terre entière. Je me pose et je suppose que tout est rose le temps d'un moment rose. Mais je crois en ces moments de bonheur qui, heure par heure, deviennent des montagnes de bonheurs que l'on enlace et que l'on embrasse avec faim et sans fin. Alors je me sens bien et je me laisse aller. Qui m'en empêche ? La liberté, c'est ce qu'il y a de plus cher comme l'amour quand il est là.

Je suis une grande sportive cérébrale. Oui je débute, il n'y a pas d'âge. Je nage entre les lignes, sur les lignes et je me faufile à la vitesse d'une étoile filante et pensante. J'aime ce que je fais et je suis passionnée. La qualité c'est vous qui voyez si ça vous plaît mais je m'applique et j'y mets tout mon cœur qui vous salue ce matin. Je cours pour prendre ma plume qui laisse tracer quelques jets quand l'envie est trop forte et que les muscles de ma main l'exigent pour se poser et flirter avec une feuille de papier. Les pensées se bousculent. C'est comme pour un cent mètres. Chacune à sa place et c'est parti. Que la meilleure gagne. Elles seront toutes à l'arrivée même si j'en ai en réserve. Plus ou moins performantes, sportives, compétitives. Le tout est de participer. Connues ou inconnues, qui sait un jour ? Le tout est de se faire plaisir mais d'avancer aussi. La vie, ce sont des combats à gagner. Cela prend parfois du temps. Il faut franchir la ligne à chaque fois comme un défi que l'on se donne. J'y compte bien autant de fois qu'il le faudra et avec le temps même si la vie est courte.

Une pause avec la pluie qui tombe comme si la terre s'arrêtait de tourner sans arrêt et glacée jusqu'à pénétrer en profondeur dans mon corps avec pudeur. je suis gelée. Seule une chose me tarde, être réchauffée par le soleil qui tarde à venir. Pour aujourd'hui, pas d'avenir. Mais demain qui sait. Alors je pense à lui et les frissons s'en vont le temps d'une pensée passagère et légère. La pluie est source de vie mais le soleil réveille l'amour qui est en moi. Qui ne l'aime pas ?

Pourquoi est-ce qu'il y a des jours avec et des jours sans comme il est dit ? Je dirais des instants perdus. Parce que nous sommes des êtres humains et que tout n'est pas rose. Que les couleurs sont parfois un peu fades jusqu'à ce qu'elles flashent à nouveau à nos yeux et qu'elles colorent nos corps et nos âmes tout entiers comme d'habitude, qu'elles les habillent tous les jours aussi. La lumière peut clignoter mais ne s'éteint pas. Elle vous fait juste des clins d'œil. Alors le temps qu'elle vous lance un regard joyeux, quelques secondes suffisent. Il est temps de prendre l'air à terre ou en l'air en avalant des gouttelettes colorées toutes rigolotes et qui gigotent comme des notes en fête. Alors c'est jour de fête ! Un sourire, des rires et des délires, c'est une histoire sans fin et vitale.

Qu'est-ce que la différence ? C'est celle qui nous unit et nous enrichit. Nous avons nos ressemblances qui nous lient aussi. Nous sommes tous différents les uns des autres et cela ne nous empêche pas de nous aimer, de nous ignorer ou au pire de nous détester. Mais pourquoi se détester ou s'ignorer ? Sinon pourquoi l'indifférence fait face à la différence en pensant que nous sommes tous les mêmes ? On parle trop souvent de généralité alors qu'on devrait faire du cas par cas. On oublie de dire que la différence fait peur et on se tait trop souvent par peur d'être différent. Il faut assumer sa différence. La différence n'est pas négative ou positive, c'est une richesse. Certaines sont plus difficiles à porter les mains libres et encore. Mais quand on les accepte les bras ouverts, c'est une force pour soi et les autres. Personne n'est là pour vous juger. Chacun est comme il est avec ses différences comme vous et moi. Nos différences nous ressemblent et s'assemblent comme nos ressemblances qui nous rapprochent aussi. C'est ce qui nous attire quand c'est le cas. Enrichissons-nous et aimons-nous les uns les autres.

Une journée de plus que les autres. Qu'est-ce qu'elle aura de plus ou qu'est-ce qu'elle pourrait avoir de plus ou de moins que les autres ? Je la sens belle, je me ferai jolie comme tous les jours. On me verra peut-être. Mais a-t-on envie de me voir ? Ici ou là. J'ai envie que cette journée soit la plus belle du monde. La première d'une longue série même si elles sont toujours belles. Mais qui sait, ce sera une journée sans surprise. On me dit que le soleil va briller. Il suffit de le trouver et qu'il veuille bien m'éclairer d'un simple rayon. Les autres ne sont pas pour moi. Mes sourires et mes rires sont pour le public et je m'applique.

Non je ne monterai pas sur scène et je me ferai une place qui sait où, ici ou ailleurs. En tous les cas, que la fête soit belle et que la journée ne soit pas pareille aux autres. Comme une phrase libre sans virgule et sans point qui suit la ligne au gré du temps et des envies avec soin, amour et humour. Qui sait où je serai ce jour ?

J'ai une petite flemme, j'aime. Même ma plume fume. Elle zigzague à droite à gauche et prend les virages dans tous les sens, pas sage comme les passages sans arrêt. Pas de dégâts, juste le feu au bout du tunnel irréel. Alors je souffle en toussant prête à m'étrangler, un nœud dans la gorge. Mais un bon coup d'eau pas de trop et le feu s'éteint, c'est certain. Tout redémarre et glisse sur la ligne de départ pour s'envoler pour un voyage inoubliable les pieds en l'air, la tête en bas. Une grimace qui se ramasse avec des sourires qui tirent les rires en délire. Oui je radote mais je ne suis pas sotte. C'est ma popote. Bon appétit et bon voyage !

Je n'ai rien fait, je n'ai rien dit. Si, j'ai dit mais pour ne rien faire. Dire, je sais dire mais faire, je sais faire aussi. À moins qu'on ne veuille pas que je fasse. Je fais ce que l'on me dit de faire, parfois. Mais je fais ce que j'ai envie de faire, toujours. Je dis ce que j'ai envie de dire et on ne me dit pas ce que je dois dire, c'est clair. Dites-moi tout de même ce que vous voulez que je vous dise ? Je vous répondrai, ça c'est certain. Faites ce que vous voulez mais j'ai bien envie de faire comme vous voulez et comme moi je veux. Alors faisons comme l'un et l'autre et comme nous voulons. Êtes-vous d'accord ?

Mon cœur est plein de bonheur. Un rien suffit pour être heureux. Je me suis nourrie de rires et de délires à pleurer de spaghettis. Les petites larmes étaient réelles. Elles ont coulé de joie. Une vraie pochette surprise avec des bonbons que l'on pioche à pleines mains. Que de gourmandises ! Les mots ont tiré en rafales pour m'en prendre plein la figure et m'éblouir, me toucher toute la soirée. Reines et rois d'un soir se sont éclatés comme des ballons pour se rouler par terre et finir en cascadeurs. Une soirée tout feu tout flamme. Un vrai festival du rire et un feu d'artifice final en beauté. Un rayon de soleil s'est posé sur moi comme pour tous les autres et m'a enchantée. Il chantait et jouait des airs de musique, la voix qui couine, divine. Le micro qui grince mais en duo et il grattait avec sa guitare et ses doigts magiques. Son regard dansait derrière ses lunettes en fête sans que je puisse voir la couleur de ses yeux. C'était une très belle soirée. Que dire de plus ?

J'ai mes doigts qui papotent entre eux. L'un se lève, l'autre se couche et ils se tordent dans tous les sens. Qu'en faire ? Je me caresse le bout du nez en pensant que quelqu'un va penser à moi. Je crois surtout que j'ai un bouton qui me gratte sur le menton. Mais ça sent bon les flatulences. Fallait-il manger des flageolets ? Musicien alors ! Le violon, plus on est sensible et plus on vibre. Alors on est libre ! Lâchez-vous et laissez l'air prendre l'air ! Et en musique ! Quel romantisme !

J'assume ! Alors la vie se hume et ma plume fume !

Je guette une sucette qui part en sucette et toi partirais-tu en sucette avec moi ? Ça glisse mais c'est puissance dix jusqu'à décoller pour manger des huîtres-saucisses au septième ciel sans échelle avec des ailes. Ça déraille, voilà un train-fantôme et comme des mômes, les mots culbutent les silences en transe et on bute en touche sans lutte. Les serviettes et les couverts sont mis sans qu'on passe à table. On dégringole dans la rigole et on rigole. L'estomac vide, c'est un bide. J'adore, on avait trop faim. Sur terre c'est quand même mieux. Même si la terre ne tourne pas rond. Moi c'est sûr !

Plus il fait sombre et plus j'ai les idées claires. Mes antennes sont en alerte, certes. Je capte toutes les ondes mêmes profondes. En l'air je vise aussi les bulles d'air. Je sens passer le vent comme les pages d'un livre sans même le lire avant. Mais je sais de quoi je parle, je devine et quelle mine. Il s'écrit en traçant la ligne et mon regard se porte sur la vie qui a un sens et sent le bon sens malgré la folie qui est en moi. Comme un grain qui explose pour le bonheur de tous à toute heure. Et comme une peinture, on verra en moi un visage que l'on découvre chaque jour en prenant son temps. La valeur est aux yeux de chacun. Elle est celle qu'on veut bien lui donner. Alors gardez l'œil éclairé et caressez du regard la vie et vos envies.

Aujourd'hui je sens que j'avance. Encore plus maintenant mais ne me demandez pas pourquoi. Ces derniers jours, j'ai vu ma vie voyager dans le bon sens à une vitesse raisonnable et durable avec des idées plein la tête et sur les épaules. Des envies qui vivent et qui ont un avenir. Les étoiles qui m'éclairent la nuit et veillent sur moi encore et toujours le jour. Je me sens enfin rassurée et plus sûre de moi. Des sourires et des rires m'entourent en attendant qu'ils m'enlacent un jour. Je sautille et je cours de joie et ça se voit. Pourquoi s'arrêter. Tout va dans la bonne voie. Au jour le jour et qui sait demain. Alors il faut y croire. La vie est une vraie religion en soi. Toujours plus d'amour et d'humour. C'est ce qui unit les hommes et les femmes. Alors plus de soleil, de lumière, de chaleur et de bonheur.

Il est faux de dire que nous vivons au jour le jour sans penser à demain. Certes, un temps même si l'avenir est incertain et que les aléas de la vie nous ont empêchés d'avancer et bloqués sur le présent ou qu'il est bon de profiter du maximum car la vie est courte. Peut-être aussi cela fait-il peur de voir plus loin car on peut nager dans le brouillard à un moment de sa vie. Il y a toujours une éclaircie qui se dessine et qui permet de voir au loin et d'envisager un peu plus loin. Et nos enfants, n'est-ce pas important de voir leur avenir avec eux en les voyant grandir ? Tout va si vite. Ils marchent, ils courent et un jour ils partent, leur bagage à la main. Alors regardons un peu plus loin avec ceux qu'on aime en profitant de l'instant présent et en pensant à demain. L'avenir nous permet de vivre nous et nos enfants et d'aller de l'avant. Il est temps. Faisons-le pour nous et nos enfants.

Si je suis là où j'en suis, c'est parce que toute expérience est bonne à prendre, bonne ou mauvaise. Elles m'ont permis d'avancer et de me poser des questions. Oui j'ai su trouver les réponses. Je me suis aussi remise en question et autant de fois que cela sera nécessaire. Oui, je suis sincère. Parfois on n'a pas ce qu'on veut quand on le veut. C'est que ce n'est pas le moment, encore. Il faut être patient et persévérant dans la vie. Comme on dit, tout vient à point à qui sait attendre. La vie réserve aussi de belles surprises et de belles rencontres. Je ne crois pas au hasard et je crois au destin. Libre à vous d'y croire. Mais la vie est un combat à mener pour soi et ceux qu'on aime vers chaque victoire, challenge après challenge. En marchant, sautillant et courant le poing levé et prêt à tendre la main. La vie est belle et douce.

Nous sommes des artistes, non ? Vague à l'âme et c'est pas triste. La houle emporte la foule. Les mots en lignes, allô ? Sans manque d'inspiration, jouons. On ne pète pas un câble. On s'éclate, restez au bout du fil. En ligne directe, c'est stable. On est fou de vous. Les mots en musique, c'est unique. L'improvisation, on y prend goût, et vous ? Création, récréation. Passion et action. Tout bouge, intérieur comme extérieur sans perdre l'équilibre. Sensibilité, on s'y attache sans qu'on la cache. Sur un bateau où l'on se connaît avec nos authenticités. Même dans le noir on sait qui nous sommes, bons ou mauvais. Alors qui se ressemble s'assemble avec ses différences. Toujours des rêves et de belles pensées qui vous font penser que nous sommes peut-être des artistes, qui sait !

Dans la vie il n'y a pas de tant pis. Il n'y a que des vas-y. On ne baisse pas les bras et on va droit devant. Cela n'empêche pas des regards sur les côtés. Il faut être prudent. Si on ne le fait pas, quand est-ce qu'on le fera ? Quand le feu passera au vert. Griller les feux engendre des accidents. Autant profiter de la vie le plus longtemps possible. Se lancer ce n'est pas se jeter à l'eau mais traverser un pont d'une rive à l'autre pour découvrir un autre monde. Dépasser sa peur de l'inconnu ou du vécu pour être finalement rassuré par une découverte en toute simplicité. Alors tentez pour faire un jour le premier pas en passant ce pont même si la terre tourne en silence. Je le vois bien, je l'entends bien et avec mes mots.

Un instant de silence, les mots ont un sens. Sans un bruit, les regards parlent. Mais le silence existe-t-il vraiment ? Le silence total n'existe pas dans une vie. Le simple frémissement d'une feuille. Le début d'une vie, le cri d'un nouveau-né. Avec un silence, on est plus attentif à la vie et à ce que l'on fait et ceux que l'on aime. On en a besoin pour se reposer, se régénérer et découvrir la vie. C'est une source d'énergie et de créativité. Il est vital. Préservons-le tant qu'on l'a. Il ne se cultive pas mais il fait partie de notre culture. Alors aimons-le car il nous fait du bien. Il s'ingère et se digère comme l'air que le vent envoie sur notre visage pour respirer la vie. Allons-y, profitons-en ! Un instant de silence et c'est la vie qui siffle à nos oreilles.

La seule personne à qui un homme dise « je t'aime » en le pensant, c'est sa maman. Qu'en pensez-vous, messieurs, mesdames ? Ce n'est pas un drame. Les hommes nous aiment aussi mais ils ne savent pas nous le dire. C'est toute une histoire entre un fils et une mère. Une histoire de confiance, de liens et de réconfort. Il est loin parfois et reste près d'elle toute sa vie. Qu'importe la distance et leurs existences. Ils sont unis à jamais. Comme si les liens du sang les rendaient inséparables. Comme s'ils étaient mariés à distance. Une mère est femme pour la vie à qui on se confie parfois ou souvent et à l'écoute des silences. Elle le protège toujours et encore et le rassure quand il en a besoin. Elle est dans son cœur même quand il a des peines de cœur. Il a sa vie à lui mais elle sera toujours là. Une mère pour la vie et un fils qui lui tient la main quand elle prend de l'âge et quand elle a besoin de lui. C'est ça la vie entre un fils et une mère. L'amour les unit pour toujours.

On n'est pas toujours compris de tous et je ne cherche pas à l'être non plus. Et vous ? Qu'importe qui vous êtes, moi je suis ce que je suis et prenez-moi comme je suis sinon je prends l'air. Un rien me touche mais au fond rien ne me touche. Sensible c'est lisible mais pas pour tous. Dans le silence, tout dépend pour qui mais il arrive un jour. Laissez-moi mes mots, je les aime et ils me les rendent bien. Je m'adresse à qui je veux. Mais, comme la terre tourne, vous tournez comme les pages d'un livre, vous restez fidèle ou pas. À vous de voir et de me suivre ou pas. Mais je continue ma route.

Le silence m'accompagne dans mes pensées, mes mots et l'homme qui me suivra sur cette route. Silence lors d'une promenade ombragée ou ensoleillée. Silence dans mon rayon de lumière qui devient soleil pour caresser mon cœur en le touchant de l'œil qu'il cueille. Mon rayon disparaît la nuit tombée pour rêver en silence. Silence lors d'une balade sur la plage aux coquillages sages et sans gage. Des silences qui en disent longs, une plage !

La peur de souffrir est une souffrance. Elle empêche de vivre. Alors laisse-toi vivre quoi que tu aies vécu. C'est du passé. La peur d'aimer est une souffrance, qui peut y résister ? Un jour tu lâcheras prise parce que tu es un être humain et que tu es fait pour aimer. Ceux qui font mal, tu les fuis et tu es attiré par le bien. L'enfer n'est pas pour toi. Le paradis est sur terre car tu as tant à faire et tant à donner. Retrousse tes manches et ouvre ton cœur sans souffrance et sans peur avec ou sans silence. Seul toi sais vers qui aller de toute évidence.

Qu'est-ce qui fait que l'on plaît ou que l'on aime ? À partir de quel moment aime-t-on vraiment ? Que veut dire aimer ? Où sont les limites de l'amour ? Le cœur lui sait quand il aime. Peut-on aimer toute une vie ? Ça, oui ! Alors pourquoi tant de questions ? Parce que l'amour est un mystère avec des silences. La liberté est celle d'aimer celui ou celle qui veut bien être aimé.

Les adolescents sont sur la piste, main dans la main, et se préparent au départ. Et les grands sont main dans la main mais décollent, prêts à s'envoler un jour. À eux la liberté quand on la leur donne et ça donne. Ça ne sonne plus à la porte. Les clés en main. Ils rentrent à des heures de confiance défiant toutes concurrence mais limites. Pas de cernes le matin mais les cheveux en pétards et le regard au radar, j'adore ! Je gratte à la porte et comme une lionne, je marque mon territoire et j'avance pas à pas. Je fais la danse du lion pour manger ma proie. Je grogne, je le renifle. Et avant de le croquer, nous nous embrassons avec amour et nous nous dévorons tout crus. Le petit déjeuner est servi copieusement et mangé. Quel régal, c'est mon fils !

La journée se lève et les rideaux s'ouvrent. C'est l'heure, je me lève. Montrer ou ne pas montrer ? Se taire ou ne pas se taire ? Voir ou ne pas voir ? Croire ou ne pas croire ? Que faire ? Boire les silences en mangeant une tartine. Tout se dessine sur un bol qui rigole. Je le caresse sans stress et sans paresse avec allégresse. Une gorgée sucrée qui glisse en moi sans effroi avec émoi. En quelques secondes le corps s'inonde et gronde sans fronde en exprimant sa joie, ça se voit. La journée s'annonce sans une ronce comme une fleur sans épine. Elle restera dans le pré. Le soleil lui fera un clin d'œil quand les feuilles avec le vent danseront près d'elle juste en passant d'un autre œil. Couleurs, chaleur, le temps qui passe, ça passe. Je fais tout ce qu'il me plaît. Et vous ?

Il fait froid, glagla ! Je m'habille et je baille de tout mon corps comme une plante qui se dresse et s'adresse au jour, bonjour ! Après les frissons du matin vient le réconfort avec des boules de coton sur la peau à demi-mots et je vole sur l'eau. Je suis éveillée après une douce nuit dans un bain de chaleur. Elle laisse place à du croquant, du mordant et des notes qui sauteront d'une main à un bras ou d'une jambe à la tête pour briller en chansons sans fausse note. Pourquoi ne pas miauler aujourd'hui ? C'est la journée du chat.

Miaou ! Vous avez dit miaou ? Oui j'ai dit miaou. Vous comprenez quelque chose ? Oui mais j'ai la langue qui zozote et je me lèche les babines. Tu n'es pas un chien ? Non mais je me régale et je cavale. Et où as-tu mis ta queue ? Entre les pattes et à quatre pattes et ça me gratte, miaou. Ça frôle le ridicule. Faut-il que je recule ? Miaou. Tes oreilles sont en alerte et grandes ouvertes. Alors jette un coup d'œil vers la gamelle. Elle t'appelle et t'accueille, miaou. Au moins on se comprend. Du lait en apéro ? Qui en voudrait à part un chat ? C' est n'importe quoi, chat alors !

Il s'avère que je perds ma tête. Mais sans escale elle s'affale sur un siège pour un long voyage. Que de beaux paysages, ils présagent un beau coucher de soleil. Les yeux cherchent mon rayon de soleil pour une promenade sur le pont. Les oiseaux passent en vol et le silence s'envole. Simple comme bonsoir, une journée pleine d'espoir. Je reprends ma tête en tête à tête et moi avec.

Fin de la journée du chat ! Miaulons tous ensemble et faisons une prière en brûlant un cierge pour que chaque chat et chaque chatte frétille de la queue et grimpe aux rideaux en vous sautant au cou comme des gros matous si doux prêts à tout pour une pâtée moelleuse et fumeuse servie avec amour. C'est si bon ! Sortez vos mouchoirs, snif ! Snif ! Et à l'année prochaine, mes chatons.

Un chemin ne se parcourt pas seul. Les jambes sont fragiles et peu agiles seules. Elles marchent par paire pour se nouer sans se taire. Elle s'enlacent et s'embrassent sans jamais se quitter. Elles jouent à l'unisson, au diapason comme une musique unique. Côte à côte et pas à pas, elles dansent et avancent dans le bon sens. Un grain de folie les entraîne comme par magie et pour la vie. elles se lancent des silences. Elles rient dès qu'elles marchent, courent sans souci. Elles se reposent à la nuit tombée, ensemble sans trembler. Parallèles, sensibles et visibles, elles se touchent comme les doigts d'une main satin. Cheminons vers une chanson dans l'air pour voir de quoi elle a l'air.

Je te sens loin. Rapproche-toi que je te glisse quelques mots. Un simple mot qui fait écho. Il se mêlera à tes silences qui se balancent. Ils ont un sens et ne font pas semblant. Ils dansent vers l'avant. Ta voix s'échauffe, qui sait un jour pour me parler. Il est temps de continuer cette route enchantée ensemble. Ris bien, c'est une belle journée.

Attrape-la. Tu la vois ? Elle est là. Tiens-la bien. Elle est douce, franche et sensible. Qu'il fasse chaud ou froid, un vrai coussin quand on la tient. Elle rebondit et unit. Elle fait des grimaces et appelle du bout des doigts. Elle touche tout ce qu'il y a de plus délicat en soi et elle fait rire dès qu'elle s'approche et attire. Elle caresse avec tendresse. Elle chatouille et grattouille. Sans elle qui pourrait se gratter le nez pour trouver de nouvelles idées ? Coucou c'est moi ! Alors je suis quoi ? Ma main.

Je coupe un fou rire à rallonge. Je nage, je coule, vite un bouche à bouche. La ligne est au bout. Moi j'ai quelques longueurs à faire. La serviette est dans le placard. Je garde ma ligne. Après le fou rire, un problème technique sur mon site. Je m'adapte, une qualité et je me pommade, ah ! Ah ! Ah !

Est- ce que la générosité est de trop parfois ou doit-elle être donnée avec modération ? Tout dépend pour qui et pourquoi ! Encore une fois ça ne se calcule pas. Et on n'est pas plus aimé pour autant. Tout dépend de qui ? Est-ce que la générosité s'apprécie de tous ? Plus ou moins. Alors donnons-la comme nous le ressentons au plus profond de nous et surtout avec amour et à qui nous voulons, même de trop. C'est un excès que l'on peut se permettre quitte à ne pas se faire aimer mais j'en doute fort. Générosité quand on l'a, on l'offre comme un bouquet de fleurs avec envie et pour la vie.

Un idéal est celui qu'on veut bien qu'il soit. Il est ce qu'il est. On le découvre avec le temps. En ouvrant les fenêtres et les portes, une brise quand la lumière et le soleil rentrent et habitent l'intérieur. On le touche, on le caresse des yeux. Cet idéal tant recherché est si près, il est là. Juste le temps de s'ouvrir entre les silences et les mots. Quelques ponctuations qui glissent, s'envolent ici et là. La liberté et des liens peuvent se créer comme une récréation pour la vie où l'humour et l'amour s'unissent pour toujours. Un idéal solide et bien réel avec des rêves et une course poursuite vers la vie en délire et toujours intense avec du sens. Vivre avec des ressentis toujours plus profonds que jamais, c'est une évidence. L'idéal c'est de trouver son idéal et il n'est pas loin, juste là.

Regardez par la fenêtre, ouah ! Il y a des ovnis qui atterrissent dans le jardin avec des petits hommes verts en pâte à modeler. Chouette, on va pouvoir les triturer dans tous les sens. Mais ça n'a pas de sens ! Attention, ils nous attaquent par derrière ! Retournez-vous et mettez leur un coup de pied au derrière. Mais ça colle ! Fais du « coller serrer » et danse. C'est ça la vie sur Terre. Ils remontent dans la soucoupe. C'est un scoop. Toujours tentée par une visite dans l'espace ? J'ai déjà peu d'espace dans ma tête alors allons plutôt faire la fête. Il est 7h07. Ils décollent et il y a quelque chose qui ne colle pas. Je crois que c'est moi. Un matin d'hiver illuminé par les extraterrestres tous verts dans ma tête, je vole.

Qui a envie que je lui souhaite une bonne journée ? En tous les cas, je vous la souhaite. Une simple envie. Tout est permis. Il faut se faire plaisir et surtout faire plaisir. Un mot suffit, une pincée de générosité. Alors pourquoi pas une belle journée ensoleillée. Un clin d'œil et une pensée sensée ou insensée pour qui me mérite. À très vite et bonne journée. Mon rayon de soleil m'a touchée.

La vie est une question de moments, de temps. Même quand on n'a pas de montre, l'heure tourne quand même. Mais on ne décide pas toujours du bon moment. Il arrive quand c'est le moment. Il faut un peu de temps parfois. Mais on sent quand cela arrive. Il finit toujours par arriver un jour. Mais toujours au bon moment. Ne courons pas après le temps et le voilà un jour. Le temps est long mais il passe vite au fond quand le moment est là. La vie vaut la peine de prendre le temps.

J'ai fait mes gammes comme chaque jour et plus je montais en aigu et plus les murs tremblaient de délire. C'est si pur comme moi et ça se voit ! Plus je descendais dans les graves et plus ça s'aggravait pour descendre dans la cave me noyer dans les rires qui tirent vers une noyade dans un bain de muscade. Douces senteurs exotiques et quelques mimiques, je file vers les îles.

L'ascenseur est en panne. La voix ricane. Alors le bec dans l'eau, je remets mes vocalises à plus tard si tout va bien. C'est chaud, la, la, la, la, la ! Quoi de mieux pour commencer une journée. Les gammes du matin jusqu'au soir avec une pause et s'asseoir. Monter ou descendre en gammes, c'est du sport comme le rire.

Penser est-il bon pour la santé ? Oui mais tout dépend à quoi ou à qui. Cela entretient le cerveau même s'il fume parfois sans nicotine. Une drogue douce, alors ! Je pense qu'il est bon de penser en s'aérant de temps en temps par la bouche, les oreilles en trompette, grandes ouvertes et les narines face au vent qui tracent sur une autoroute et qui moulinent, zine, zine. Après laissez les pensées filer librement. Elles se laissent guider l'air dans le vent. Moi je sais où elles vont et elles sont libres. Libres de mes envies. Oui, je sais.

J'ai mis mes patins à roulettes de la chambre au salon et quelques risettes Paulette. Mon bol s'affole, les sucres dansent avec le café qui nage dans un nuage tout court. Je pique une tête et j'aspire du bout de mes lèvres en tirant la langue l'excitant du matin pour lâcher quelques mots tout frais au petit déjeuner, naturels et bien mûrs. Bon appétit avec un zeste de douceur et de chaleur ! Chocolatines, croissants, qui en veut ? Petits et grands ?

La vie laisse des traces mais pas autant que les pas sur son passage. La vie trace et tourne les pages. Mais je le vois passer et il trace. Qu'est-ce que la vie laisse passer sans traces ? Seules les traces qui touchent notre espace prennent place. Alors laissons place à une place de ces traces pas en avant sans que les pas s'effacent.

Regardez le ciel là-haut ! C' est un manteau qui couvre les toits de joie avec des flocons comme des petits pois blancs tout ronds qui glissent sur le sol et vous maquillent jusqu'à disparaître sans parole. Ils traversent la route et se déroutent pour laisser passer la lumière et fondre à terre jusqu'à ce que mon rayon de soleil passe et me touche en plein cœur comme des petits pois en couleur pleins de chaleur.

Comme je vous l'ai dit, il ne faut jamais être trop sûr de soi. Les extrêmes sont à bannir. Mais là il s'agit de ressentis et les miens je les vis profondément. C'est la vie ! Ils ne me trahissent pas. Et si c'était le cas, je serais surprise mais qui sait ! La vie se vit en profondeur comme avec légèreté sans se prendre au sérieux. La vie est si courte, plutôt la vivre intensément avec simplicité. Comme seuls soins les sourires, les rires et les délires, toujours dans l'échange, avec nos responsabilités. Et comme j'aime le dire, humour, amour pour toujours dans un monde avec des artistes et à jamais. Mes pensées courent et s'envolent : je pense à toi.

Un nuage de plumes traverse la pièce, vole au-dessus de ma tête en caressant mes cheveux en fête. Sensibles et légères, elles se dessinent en chapeau à l'abri des regards que je devine. Chacun m'indiffèrent sauf un, le tien ! Une robe en plumes aux mille couleurs, lumière qui se faufile et se fraie un passage. Tu jettes un œil curieux et coquin en toute pudeur. Les sourires sont là, les envies aussi. Les jambes restent nues et je chausse les pieds de quelques plumes décorées de perles prêtes à s'envoler au bout du monde. Je souffle et ta main s'ouvre pour me prendre dans la tienne et me poser sur elle. Les plumes s'envolent, j'ai besoin que tu me réchauffes.

À présent, quand je m'adresserai à quelqu'un, je le ferai directement à la bonne personne. Elle se reconnaîtra, ça c'est certain. Elle l'a déjà fait. Il n'y en a pas mille mais juste une et vous. J'utiliserai le « on », le « vous » et le « tu » c'est réservé et privé même si je m'adresse en public. J'assume ce que je dis et je continue à ressentir tout ce que j'écris maintenant et à venir pour cette personne que j'ai si souvent vouvoyé ou dit « on » alors que je m'adressais à elle. Il le sait mais il fallait le lui dire. Je te le dis. Encore une fois, j'assume mes ressentis aujourd'hui quoiqu'il arrive. Et va pour le tutoiement.

Il y a des jours où l'on a besoin d'être rassuré. Alors nos sensibilités sont un peu trop fragiles, à fleur de peau et nous caressent de trop près. Nous prenons le temps de nous aérer en pensant fruité et coloré. Tout frise la joie ici et là qui voltige avec légèreté pour mieux respirer les rires qui jaillissent avec éclat en soi. C'était une parenthèse qui pèse mais qui s'apaise en un rien de temps, un simple instant. Je ferme la parenthèse. À qui cela n'est-il pas arrivé ?

La mer est au pied de mon lit. Ce soir, en allant me coucher, je glisserai sur l'eau les pieds qui chantent. C'est la fête et les vagues divaguent. La lune en croissant qui s'illumine après avoir laissé le soleil se coucher pour rêver. Les étoiles font une toile et je t'imagine avec un sourire qui s'étire comme les bras au réveil. Mais c'est l'heure du sommeil. Les yeux cherchent la nuit et le soleil est assoupi. Les rêves viendront plus tard. Une balade de nuit au bord du lit, la mer à terre et le soleil endormi.

Le bonheur ne se mesure pas, il se ressent. Il commence par le bout des pieds et petit à petit grimpe comme la sève d'une fleur, gagne tous les membres du corps et le cœur qui se met à palpiter et vibrer comme les cordes d'un violon ou d'une guitare que tu grattes, les touches d'un piano que je caresse. Le tout en musique, la voix qui sonne juste, note après note, haut et fort tant la joie est immense et intense. Qui comprendrait ce bonheur ? Il faut le vivre et ne pas le rater. Il ne passe qu'une seule fois. Il est pour toi comme pour moi. C'est un beau mot mais c'est un mot vrai.

J'aime dire, j'aime penser, j'aime écrire, j'aime faire. J'aime tout court. Court le temps qui passe et je lui tends la main. Il ralentit parfois et je le regarde le temps qu'il passe. Il me sourit et me dit que la vie est une course qu'on gagne à tout prix en marchant, en courant ou en sautillant et en serrant quelquefois les dents mais toujours en riant. Le soleil n'est pas loin, tout le monde a droit à un sourire. Quelques grimaces et des « je ne sais quoi ». Oui j'aime bien lâcher des mots avec ou sans filet. Le principal est de ne pas se noyer. J'aime vivre. Prenons le temps quand il est là.

J'ai donné de nouvelles consignes à mon fils et à présent il ne pétera plus du coucher jusqu'au matin dans sa chambre car ça sent le fauve au réveil et je frôle l'asphyxie. Je lui ai suggéré de passer par la fenêtre, direct sans échelle avec aération sans interruption. Il n'est pas encore bien réveillé ! Sinon il peut coucher chez notre voisine adorée du troisième âge ou dans sa belle AX au frais toute pourrie. Moi pas de soucis, j'ingurgite du parfum tous les jours au matin et je pète, la vie est belle. Ça embaume le reste de la maison. Alors la vie n'est pas merveilleuse ? Il n'y a que des solutions. Je t'aime, mon fils.

J'ai une idée ! Laquelle ? Aucune ! Et vous ? Je ne suis pas une lumière. Il fallait y penser hier. C'est l'heure creuse, l'heure heureuse. Je ne consomme rien. Juste un peu d' air et je vous souffle quelques mots en solo ou en duo. Mon synthé est sous silence alors je danse. Flamenco, ça se danse ! Toujours pas d'idées ? Elles se faufilent quand le temps file. Alors je file ! Elles courent et je cours après elles et avec elles.

Mon fils a pris son sac avec ses bisous et ses câlins. Il a laissé son rap et pas que du rap en pause. Plus de chaussures en plein couloir à mon grand désespoir. Plus de courses et de sauts de kangourou dans tout l'appart. On se croirait en Australie et on rit ! Mais quand il s'agit de dire, de faire et de revendiquer pour de bonnes causes, c'est le premier. Il n'y a pas d'âge pour avoir des convictions et des idées. Il est ouvert au monde. C'est mon fils et il revient.

La ville s'endort ou se réveille, qui sait ? Les réverbères nous éclairent. Les passants remontent le long des trottoirs pour espérer boire un dernier verre ou le premier d'une longue soirée. La chaleur est là dans un café à l'ambiance feutrée ou « olé olé » en souhaitant se réchauffer et rire aux éclats tout simplement en regardant autour de soi et dans les yeux lors de discussions croustillantes, moelleuses et savoureuses à la fois. Un moment de bonheur partagé qu'on prend au vol dans une ville de nuit prête à se réveiller.

Dans la vie, ose ! Prends ta dose. Qu'elle soit en sachet, en poudre, en comprimé ou en injection, ose ! Elle passe dans les veines directement dans le sang. Ça se mélange et ça va directement dans le cœur pour battre à cent à l'heure. Rassure-toi, il n'éclatera pas sauf de bonheur. Tu ne feras pas d'AVC mais tu pourras avoir une fessée si tu ne vas pas le chercher. Pas besoin, il est là. Au jour le jour il court, c'est l'amour.

Avec mes envies les plus simples et légères, la voie est libre vers des envies fortes, intenses et immenses qui déborderont des fleuves pour se jeter vers un océan où tout bouillonne et sonne au rythme des danses exotiques aux tuniques en couleurs bercées par le vent en folie et le soleil qui rit tellement la vie est belle. Envies à l'appui et bon appétit.

J'ai le verbe haut mais je peux parler tout bas. Tout dépend ce que j'ai à dire. Et tout dépend à qui le dire. Pas facile de se taire. Je sais le faire mais quand il faut le faire. Après ce n'est plus moi qui parle mais mon for intérieur, mon cœur. Ma plume a juste à le suivre et il trace la ligne sans même se poser de questions. Et, quand bien même, il sème les mots avec ou sans réponses. Elles viennent un jour, la vie est faite d'évidences. À savoir, quelles sont-elles ? Je les découvre au jour le jour et elles sont bien réelles. Évidence d'un jour, évidence toujours.

Un simple bonsoir presque en silence pour un soleil à l'aube d'une nuit qui rit, parfois mystérieuse mais qui vit pas à pas ou pensive, en avant et la musique qui vibre en elle, en lui aussi comme il rayonne. Un bonsoir simple, vrai et profond.

Mon corps est libre, il vibre pour toi. Une étincelle, une flamme comme le jour qui commence et se lance sur la route des délices qui glissent vers une danse où il ne manque que ta musique et quelques notes, des rires, ta voix et toi plein d'émotions qui m'inspirent et les silences pour écrire. Je danse le bonheur, le soleil dans mon cœur. Une journée pleine d'espoir. Alors choisis ta danse. Tous les jours se dansent. Dansons-les ensemble.

Une promenade seule, le temps d'un instant pour reprendre ma respiration et me dire que j'ai bien raison et toute ma raison. C'est la raison de cette interrogation qui n'en est pas une. Juste une certitude. Ne me demandez pas pourquoi, j'y crois et toi ? Peur ? Mais de quoi ? La souffrance est sortie de mon existence. Seul l'amour est à l'ordre du jour. Alors ma vie n'est que douceur et bonheur.

Je lance un regard en couleur par la fenêtre. La nuit est à mes côtés et me sourit depuis minuit. Je ris à l'idée de voir le jour me faire bonjour et frapper à ma porte. La ville résonne et sonne en moi. C'est l'heure que je donne du temps pour moi. Penser à soi est aussi important que penser aux autres. Alors quelques pas qui dansent et tout chante. Une belle journée ensoleillée.

Si je vous parle d'une petite carotte ? Cela ne vous intéresse pas ? Eh bien, moi non plus ! De quoi voulez-vous donc que je vous parle ? De tout et de rien ? Alors ça sera de rien ! Parce que je n'ai rien envie de vous dire. Ce dont je pourrais vous parler ne vous intéresse pas et surtout ne vous concerne pas ! Alors restons-en là ! Et je resterai la bouche close sans dire un mot. Vous, vous resterez sur votre faim en attendant votre repas. Voilà c'est la fin. Bon appétit et bonne journée.

J' ai vu un gros éléphant par la fenêtre. Mais quelle trompe ! Ça ne trompe pas ! Il est arrivé avec ses sabots sans escabeau, heureusement pour moi ! Je n'en voudrais pas ! La queue en trompette, il dansait avec comme si c'était la fête. Une démarche pas très élégante et un peu lente mais au fond il est aimable. Silencieux il avance et il danse d'un gris qui rit ou qui pleure. Alors pourquoi pas danser avec un éléphant tant qu'il ne m'écrase pas les pieds. D'abord une balade sur son dos, c'est plus prudent et en avant pour une danse sans cœur. Moi je rigole.

J'ai ma plume qui court après moi. Alors que c'est moi qui court après elle. Parfois elle a soif mais elle ne crève jamais de soif. L'encre coule et pourquoi ne pas jeter l'ancre ? Je crois qu'il est temps ! Le temps d'un long temps, très bon temps ! La ligne, elle va à la ligne et suit sa ligne. Elle sait où aller. Elle est guidée et pas seulement par ma main. Alors les mots, les silences, les ponctuations et même les rires dansent sur la ligne et glissent comme une chanson au son d'une guitare au doux regard. L'inspiration suit la ligne et je signe mon nom toujours avec mes pensées bien réelles et des couleurs plein le cœur.

Qu'est ce qui inspire le plus l'être humain ? Ne cherchez pas plus loin, c'est l'amour. Il naît un jour et il court comme l'inspiration. Chaque respiration est source d'inspiration comme l'amour. L'amour vibre et l'inspiration le suit, les yeux dans les yeux. L'inspiration ne se lasse pas, l'amour non plus. Avec délice, ils se glissent et se suivent pour une nouvelle aventure qui dure tant les mots et la musique sonnent juste. Juste comme l'amour et l'inspiration.

Avez-vous vu passer une mobylette, cheveux au vent, plaqués sans gel ? Ça décoiffe ! Prêt à décoller et ça mouline. C'est mon fils à vélo sans rétro mais des yeux de chaque côté et il écoute, les oreilles en alerte. Il est prêt à monter sur les voitures comme des montagnes russes. Même pas en rêve. Ni trottoirs, ni feux rouges. C'est parti pour une séance de sport et il adore.

Je me réveille avec une douce folie mais une folie tout de même. Elle me suivra toute la journée. Elle est puissante et intense. Elle a un sens dans ma vie. Elle ne me quittera plus. Elle prend mes tripes jusqu'à me faire tourner la tête. La tête en bas, les pieds en l'air et pourtant j'ai bien la tête sur les épaules. Une folie pleine de joie, de bonheur et d'amour. J'ai aussi un grain de folie. Là, il est endormi. Attendons de le chatouiller et de rire avec lui. Oh oui, j'aime ça.

C'est beau de découvrir la vie. Il y a longtemps que je ne vous l'avais pas dit. Et cette sensation douce, forte et profonde, ces saveurs d'un goût intense et mielleux sont bien là. Comme les envies que je découvre au fil du temps avec un appétit féroce et sans fin et cette folie douce qui m'envahit. J'ai faim, j'ai soif, mon cœur danse et vibre au son de l'homme et de l'artiste.

Quelques petites bouées de sauvetage pour nager dans le bonheur, garnies de bonbons colorés qu'on peut peloter, sucer et faire fondre au palais des gourmandises avec massage et doigts de fée, voilà ! C'est une femme enceinte, pas une sainte, et heureuse ! Accouchement avec succès, spaghettis qui rient et qui se faufilent par l'entrée principale. Son mari qui revit en frappant à l'entrée de sa porte et du tunnel, juste des délires et plaisirs à offrir mais beaucoup d'amour. C'est gratuit, juste une gratte qui gratte et les amis qui s'éclatent avec beaucoup d'envie. Des enfants qui poussent comme un arbre en fleurs et qu'on arrose avec soin et amour pour qu'ils mangent des fruits toute une vie un jour les mains libres. Le chemin est tracé, laisse-toi guider, ton cœur te parle, réponds-lui. Ne prends pas le fossé, il y a de l'alcool dans la bière. Dans la vie, il faut y croire. C'est qui alors ? Mais où est ta langue ?

Les silences de la vie. Les silences de l'écriture qui glissent sur la ligne pleine de joie et d'émois entre les mots. Les silences d'une chanson entre chaque mot et respiration comme il faut. Les silences dans la musique et dans le vent où l'on caresse l'instrument à chaque temps avec une pause pour reprendre son souffle en silence. Le silence des pensées qui courent sans être rattrapées. Le silence qui vous fait aller toujours plus loin et vous apaise. Mais parfois un silence pèse et il est bon d'entendre la voix qui chante pour que le silence s'apaise et que les mots dansent en musique. Une nuit dans mes pensées en silence et le jour se lève.

Je joue avec mes joues et des bulles d'air en couleur que je souffle à la terre entière comme des messages de bonheur qu'un enfant pourrait envoyer, plein de joie et de jeunesse, tout en ivresse. Il ne cesse de pousser et d'agiter ses mains comme des marionnettes, les yeux émerveillés et sa bouche en coquelicot. Il pousse les portes et découvre le monde en jouant. Nous sommes tous des enfants, petits et grands. Alors jouons le temps d'un jeu même si la vie se prend au sérieux.

J'ai la tête qui sursaute, les bras qui s'étirent comme des élastiques magiques. Les mains en serpentins qui vous serrent la main. Les jambes qui s'allongent, se plongent et titubent comme un tube pressé sans se presser. Il gicle une peinture fraîche et prête à se dévoiler sur le mur pour la lire des yeux en la caressant à chaque contour de velours. On tourne et on tourne comme un manège sous la neige et on s'émerveille de tant de beautés colorées et enchantées qui sortent de je ne sais où.

La cuisine est en éveil. Les placards font le canard en battant des ailes. La gazinière, tout feu tout flamme, s'alarme et se réveille, casseroles qui s'affolent comme des folles, miam-miam qui braille. Faut que ça se calme ! Les poêles qui sautent, faut que ça gigote ! Miam-miam, ça braille ! Les assiettes en jettent. Atterrissage pas sage ! Les verres tremblent avec l'eau qui déborde, il me semble. Serviettes en voilette et le cou glouglou, les couverts ne veulent pas se taire. Service qui glisse et part en super jet, ça jette. On se pose et on a sa dose. Alors ce repas, ça gaze ? C'est rigolo Jojo.

Je chuchote des fleurs qui sautent et qui filent comme les étoiles un soir de pleine lune pour éclairer la terre entière de leurs couleurs en semant par terre un tapis où il fait bon vivre pour tous et où que l'on soit. En douceur l'amour porte des colliers de roses qui sentent le bonheur. Un tour autour de la Terre tapie de fleurs en couleurs.

On dit : la patience a des limites. Mais la patience a toute la vie devant elle ou alors elle n'a qu'un instant, un moment, une respiration. Comme une phrase avec ou sans ponctuation. Alors jusqu'où va la patience ? Qui décide du temps qu'elle prendra, qu'on lui donnera, qu'elle voudra ou qu'elle vaudra ? Elle a un début et une fin car tout commence et tout finit comme la vie. Mais si on veut on donne à la patience ce qu'elle mérite. Faut-il être patient dans la vie ? Oui, je le pense pour qui le mérite.

La croyance, on l'a ou on ne l'a pas. On commence par s'aimer soi-même et tous ceux qui nous entourent et ensuite on finit par trouver la foi. Il y a tant d'âmes perdues. Alors quand on retrouve une âme, il est bon de la préserver. Il ne s'agit pas de sauter de joie et de croire que tout est miracle mais que quelqu'un veille sur nous et nous guide sur notre chemin. Croyez-en mon expérience. J'ai pourtant bien les pieds sur terre. Il ne s'agit pas de se juger les uns les autres. Chacun croit en ce qu'il veut ou en qui il veut. Moi j'ai choisi une de mes croyances. Alors faites-en autant.

Envie du matin, il est huit heures du mat' et je trace ma ligne. Envie d'un sucre qui fait plouf dans un café, un visage se dégage en fumée colorée. Une envie de sauter du canapé à la chaise et sur la table stable, je danse. Une envie d'ouvrir portes et fenêtres et de dire ma douce folie. Envie de toutes les envies qui courent après moi matin et soir. Mais les meilleurs envies sont celles qu'on partage avec l'être aimé. Les envies, c'est la vie.

Pourquoi dans la vie doit-on toujours faire ses preuves ? Comme si c'était une épreuve sportive chronométrée qu'on ferait ou un concours d'entrée qu'on passerait sans savoir si l'on gagne avec des tests d'aptitude. Alors qu'au fond, on sait qu'on est apte. On sait ce que l'on vaut et si l'on peut gagner. Mais comme s'il fallait toujours dépasser ses limites. Nous sommes des êtres humains et nous avons tous des limites. Mais où sont les limites ? Il faut se contenter de ce que l'on a en connaissant le bonheur qu'on a. Il faut avoir confiance en soi et en l'autre. Il en ira d'autant plus loin. Alors faire ses preuves a des limites. Mais on peut toujours aller plus loin en faisant connaissance.

Oui, c'est ma journée. Je suis une femme. Jolie, tout dépend pour qui. Merci de me le faire savoir et c'est à voir mais seule une personne compte. Le soleil brille, toujours un rayon pour me réchauffer le cœur et me faire sourire et rire.

Fermez les yeux ! Et dites ce que vous ressentez. Une brise légère qui caresse votre visage d'un air doux et sauvage. Vos cheveux qui ondulent comme une vague éphémère. Ils chatouillent vos épaules sous un saule. Les mains de satin embrassent le torse quand les bras se posent sur la taille. Une jambe enlace l'autre pour qu'elles se tiennent compagnie. Chaque pied rit, des doigts pas à pas en se frottant par terre, sculptés pour avancer toujours plus loin. Une sensation éclair dans un corps imaginaire.

Les mots dépassent parfois les pensées. On se laisse glisser dans un délire incompris en pensant bien dire mais c'est dit, mal dit et irréfléchi. Alors il faut que cela reste une parenthèse. Ce qu'on pense est bien plus important et vrai que quelques mots insensés tentés par un délire. Sinon il faut toujours laisser parler son cœur et ses ressentis sans qu'ils soient mal perçus ou mal jugés. On est ce qu'on est et nul n'est parfait. On nous accepte comme on est.

Dans la vie, comment savez-vous si une personne tient à vous ? Elle sera toujours là à vos côtés quand vous aurez besoin d'elle ou pas. Même si vous faites une erreur, elle ne vous en voudra pas, elle n'est pas rancunière. Elle est à votre écoute de quelque manière que ce soit et vous comprend. Elle est prête à déplacer des montagnes pour vous si vous l'aimez. Elle ne vous juge pas et vous non plus. Elle vous respecte pour la personne que vous êtes. Elle sait que nous sommes des êtres humains et que nous ne sommes pas parfaits. Elle fait preuve de tolérance. Elle vous montrera ses sentiments de quelque façon que ce soit. Elle appréciera votre force de combat et de caractère. Elle aimera vos rires et vos délires. Elle avancera avec vous qu'il fasse beau, qu'il neige, qu'il pleuve ou qu'il vente. Alors elle tient vraiment à vous.

Dans la vie nous ne sommes pas là pour nous excuser en permanence de ce que nous faisons ou disons. Chacun comprendra ou pas et est libre de penser ce qu'il veut. Les pensées sont ouvertes et on pense ce qu'on veut. Pourquoi toujours se justifier ? On fait ce qu'il nous plaît. Et les personnes à qui on plaît nous apprécient pour ce que nous sommes sinon tant pis. Oui, ma sensibilité ressurgit et mes ressentis se laissent aller. Je n'ai pas pu les retenir et je n'ai pas mis de filet. Vont-ils se noyer, qui sait ? Ils sont libres et la prison n'est pas pour moi. Je suis ce que je suis. Alors qui m'aime me suive et que du bonheur à venir.

Fleurie de la tête aux pieds, elle rit. Elle se dit que tout est permis. Vous croyez ? Elle se jette à la nage corps et âme pour un long voyage et glisse sur l'eau. Un courant léger l'entraîne sans peine dans son imaginaire sans se taire. Les fleurs sourient, que de vie ! Les passants la voient, sont surpris et émerveillés. Pour elle, c'est une simple balade fleurie et colorée qui la fait rêver sur une rivière enchantée comme une simple enfant.

Je me suis assoupie le temps d'un instant et le temps qui passe. Un instant bien en place sans que cela passe à côté d'un moment qui trace et s'efface. Quand une bécasse avec audace montre sa face pour faire face à ce qui se passe. Rien ne la tracasse. Elle prend juste une tasse et refait surface et passe. Alors je passe prendre une tasse pour boire un bon café sans qu'elle se casse, les idées bien en place.

Je lance ma main sans savoir où elle va et sans savoir si elle tient bien. Alors je la soutiens car elle le vaut bien. Elle me tient pour un rien et ça me fait du bien. Légère, elle caresse mes cheveux quand je le veux. Elle me gratte le nez et je respire l'air frais. La main devant la bouche, je fais un oh ! de surprise qui touche. Elle tapote mes joues et je fais joujou. Elle chatouille mes oreilles qui se réveillent. Elle frotte mes yeux et j'y vois bien mieux. Enfin, elle effleure mon doux visage et je suis sage. Alors pour tout cela ma main sert ma plume et la tient pour quelques lignes de bonheur.

Qui peut comprendre ? Qui veut comprendre ? De loin, oui. Mais de près ou de très près, c'est rare. Quand est-ce qu'on se sent concerné ? Seulement quand on est touché. Les gens ont peur. Ils préfèrent fuir car ils vous sentent différent des autres quels que soient la différence et le vécu. Et vous, tant que vous êtes dans la culpabilité et la honte alors qu'il n' y a aucune raison d'y être, vous souffrez jusqu'à ce que tout s'arrête un jour parce que c'est le bon moment et qu'enfin vous dites : non, ça suffit. Les gens qui vous aiment sont rares. Et vous vous en sortez seul. C'est pour cela que la vie est un combat pour soi et ceux qu'on aime. On reconnaît ceux qui en valent la peine. Alors la vie a une saveur particulière, intense et profonde. Elle est courte et belle avec la force du bonheur tout en douceur. On n'a rien à perdre dans la vie mais tout à gagner.

Une jolie maison en bois près du bois où presque tout se voit, pas tant que ça. La cheminée fume, les idées s'envolent en fumées orangées. Les volets ouverts, tout s'éclaire et c'est l'hiver. On cherche la chaleur. Elle est au coin du feu où il y fait bon vivre. Il crépite comme un petit feu d'artifice. La nuit tombe, elle est allongée un verre à la main au bord d'un tapis, ça glisse d'un simple délice. Les yeux fermés, on est illuminé par la beauté des flammes, grandes dames qui caressent le visage et le corps de leur chaleur légère et douce jusqu'à ce qu'elles s'éteignent et qu'elles nous entraînent dans nos rêves pour nous réchauffer la nuit comme le jour. Un moment dans une maison où l'on se sent bien et où qu'elle soit. Surtout avec qui ? Avec ceux qu'on aime.

Qui n'a pas rêvé un jour ? Qui ne rêve pas la voix haute quand elle se lasse d'exister à voix basse ? Les rêves sont comme des nuages sages, moelleux et bercés par le vent, qui nous font rire parfois. Mais tout là-haut dans le ciel, ils grondent quelquefois et rêvent de devenir réalité. Ce ne sont pas des pluies de grêle qui tomberont mais des gouttes d'or car la richesse est bien là et sur terre. On la sème pour aimer et que toutes les idées et pensées poussent comme des fleurs que l'on cueille un jour comme un instant de bonheur et d'amour qui dure pour la vie. Oui, toujours l'amour mais que serait la vie sans amour ? Alors continuons à rêver et que les rêves deviennent réalité. Il ne tient qu'à nous.

Dehors, elle met un pas devant l'autre. Sa sensibilité flirte avec la douceur. Quant à sa frustration, aujourd'hui passée, elle la cachait et la tenait sous silence en mettant un rideau en couleur pour se protéger du monde extérieur. Maintenant les portes et fenêtres s'ouvrent sans douleur. Les envies de la vie entrent dans sa vie colorée. Qui pourrait comprendre et aurait envie d'entrer dans ce paradis enchanté plein de joie ? Le bonheur y est ouvert et les plaisirs de la vie aussi pour des hommes et des femmes de valeur et de cœur.

Ce matin, des consonnes et des voyelles jouent et sonnent entre elles pour que des mots légers soient en éveil. Mots qui se réveillent en douceur pour prendre l'air quand certains dorment et d'autres sortent après un air en chanson au réveil et une nuit silencieuse et musicale, les pensées bien éveillées. Certains rêvent en dormant, d'autres rêvent éveillés ou les deux à la fois. Le jour, lui, garde les yeux bien ouverts et le soleil est bien là. Il se réveille quand il veut et se couche toujours pour revenir un jour. Restez éveillés et bien réveillés, la journée ne fait que commencer.

Elle aime les rondeurs de la vie qui se forment en douceur. Elle n'aime pas tout ce qui pique et qui se forme en mal. Les angles droits comme les virages sont à prendre avec délicatesse, une forme de sécurité. Tout ne va pas toujours tout droit mais on suit les formes. Elle prend de simples formes et les formes qu'elle aime et qu'elle imagine. Elle sait prendre les formes. Elle est en forme. Elle prend la forme qu'elle veut, celle d'une femme libre qui s'exprime. La vie la forme vers un nouvel avenir. Et tout ce qui la forme la mènera au bonheur aujourd'hui ou demain, ça c'est certain.

Il y a eu une apparition en plein jour. Non, pas le bon Dieu ! Et soudain nuit en plein jour, tout a disparu comme c'est venu. Un simple clic et le clic qui fait clac. Une apparition comme une disparition subite. Au secours, à l'aide mais que faire ? Ah, ah ! C'était quoi au juste ? Un message non identifié ? Il faut mener l'enquête. Mais quelle enquête ? Suspens ! Alors une apparition et une disparition avec ou sans lunettes, avec. Appelons la police, elle saura quoi faire. Elle a du flair. Quelle belle apparition tout de même. Alors c'est oui pour une apparition.

Croit-on savoir ce qu'on pense savoir ? C'est ce qu'on pense et qu'on crève d'être sûr de savoir. Et si ce n'était pas cela. Elle n'y croit pas. Et puis on lui ferait savoir. Tout se sait ou presque. Elle a quand même envie de savoir. Peut-être pour être rassurée. Une faiblesse, ça c'est certain et encore. Mais finalement on est tous comme cela avec des faiblesses qui au fond nous touchent et vous touchent. Prenons-les dans les mains avec délicatesse et elles seront rassurées et disparaîtront à jamais, au moins celle-là. Alors elle ira là-bas, là où il sera ce soir-là.

Comme quoi, dans la vie tout le monde n'apprécie pas un bon délire, le sien. C'est peut-être une question d'heure. Elle a de l'humour à tout heure et elle n'est pas rancunière. Il faut avoir le temps d'avoir les idées claires le matin, d'apercevoir son humour, de le ressentir, de le connaître, tout dépend lequel et de qui tout simplement pour rire enfin. Au moins ça surprend et on s'en souvient toujours avec elle. Elle aurait préféré qu'il rit dans son délire mais tant pis. C'était peut-être un peu tôt le matin, une prochaine fois. Elle devrait s'excuser pour l'heure. L'humour n'a pas de limites. Vous croyez ? Elle aime bien se lâcher sans filet mais des limites, il y en a toujours qu'on le veuille on non. Elle a suivi ses ressentis.

La musique danse, sonne et chante en elle. Son corps ancré dans le port, passerelle aux hirondelles. Bateau qui la berce et fait oublier la fragilité que chaque marin a en lui. Si le vent souffle un peu trop fort, elle se balance d'un côté et de l'autre sans jamais chavirer. Elle vibre au son des battements de son cœur et du soleil levant. La mer lance des vagues souriantes et riantes qui se jettent sur elle en douceur pour la caresser. Sur ce bateau, elle se sent belle et toujours avec beaucoup d'humour comme essence. Elle part pour un petit tour et une danse avec lui.

Je crois que quand on veut vraiment quelque chose on se donne les moyens de l'avoir. On dit qu'on ne trouve pas les mots, c'est faux. Quand on le veut, ils sont à portée de main, ils peuvent sortir des lèvres ou ils tracent la ligne. C'est une question d'envie, de cœur et rien n'empêche de le faire. Alors si rien ne vient c'est que ça n'ira pas plus loin car la vie n'est pas un jeu et l'amour doit être réciproque avec des silences complices. L'attente est trop grande et trop longue, de l'impatience certainement pour rien. Ce silence va s'atténuer avec le temps, j'ai rêvé et je m'en remettrai. L'écriture m'aidera à cela et toutes les envies qui frappent à ma porte. L'amour, toujours et encore, un jour proche, aujourd'hui ou demain. J'ai du mal à y croire.

Des expressions, la langue française vous en déballe des tas dans un cabas comme la langue bien pendue. Ici et là, elle lèche le parterre et fait le tour du quartier tant il y en a. Moi la mienne je la retiens comme je veux, elle est libre. Mais il y a une autre expression qui m'interpelle, c'est « faire tourner en bourrique ». On sous-estime la bourrique. Elle est agile et tourne vite dans sa tête car elle n'est pas bête. Elle est souple car même si la tête carbure et qu'elle valse, elle sait s'arrêter à quatre temps en riant sans s'affaler, les sabots en flambeaux et comprend en faisant hi ! han ! Sinon elle balance du postérieur et va danser ailleurs comme une bourrique intelligente. Voulez-vous une autre expression ? J'en ai des tas dans mon cabas et à la pelle. Celle-là comme d'autres.

La fidélité en amour comme en amitié, on l'a ou on ne l'a pas en soi. C' est comme un fil que l'on tisse et qui ne se cassera jamais. Il suffit de le tendre et de voir jusqu'où il peut aller sans plier et se briser. Il est solide et on peut en faire tous les vêtements du monde qui nous habillent quel que soit le temps pour être surtout et paraître des fois. Le dialogue au fil du temps est parfois un instant sans importance. Mais dans le temps et pour longtemps on prend le temps, tout dépend avec qui. La fidélité c'est pour tout le temps.

C'est une femme qui s'est mise à nu pour lui et, qui sait, peut-être pour rien. Mais elle ne regrette rien. Elle se sent frigorifiée ce soir, se rhabille et va se coucher pour se réchauffer le temps d'une nuit.

Mon recueil est enfin terminé. Je l'ai écrit pour moi et pour lui aussi. Je vais pouvoir commencer à écrire les pages d'un livre. L'histoire d'une vie et toutes ses couleurs. Je verrai bien, ressentis et inspiration qui me guident au plus profond de moi mais pas ici et sans vous pour ce livre. Voilà une page qui se tourne pour en écrire d'autres avec lui s'il en a envie et ceux que j'aime. La vie est belle, courte et pleine d'amour encore et encore toujours en avant. Que la plume glisse de toute son encre. Des livres feront ancre pour se jeter à quai avec gaieté, feuilletés par les passants, cheveux au vent, avec légèreté pour l'amour des mots et des silences entre les mots complices. Pour l'amour de la vie et ses délices qui se hissent vers le bonheur éternel et réel. Oui, je ne devrais pas le dire mais tant pis, avec lui c'est une évidence et sans pression quelle que soit l'expression. Alors qui vivra verra.

© 2018, Sandra Landel
Impression / Éditeur :
BoD – Books on Demand
Norderstedt, Allemagne

ISBN : 978-2-322-12369-8
Dépôt Légal Juin 2018